Den ludna dörren II: Formler

Den ludna dörren II: Formler

Uffe Berggren

Den ludna dörren II: Formler

Uffe Berggren

*On n'est pas là pour se faire engueuler, on est là
pour voir le défilé! - Boris Vian, 1954.*

Rådjuren skälver ryckigt i den vildsinta vindens hårdhänta grepp

Ser upp som i mitten av våra hjärnors oförglömligt slutgiltiga härdsmälta

Handlar det om enbart ganska eller totalt uppseendeväckande subtila varsel

Med alla drömmar öppet oreglerade gentemot den envisa tidens slitna tand

Som den där vågen av allt det oväntat betydelsefulla mot avståndets paus

Vi ska hålla om världen från igår som ett minne vi aldrig ska kunna förstå

För allt detta är en slags svågerpolitik vi chockas av att uppleva

Blir allt det uppenbara så slitet igenkännbart i motljusets insikt

Något mer uppenbart stryktäkt har aldrig funnits i sammanhangen

Så, allt det vi genomfört under dagen är enbart skisser av sanningarna

Och vi måste verkligen fråga oss om detta är allt vi

har förstått av livet

Som om insikternas upptåg själva tillhör några andra
dimensioner

Som om bilderna av de förflutna tidernas egen död
är ett slags frottage

I de öppna fyrkanter som detaljerat löser alla våra
omedelbara problem

Med allt det snömos vi själva producerar i jakten på
absolut mening

I alla de länkar vi föreställer oss att livet ska bjuda
oss med armbågen till

Vad vi fallerar att uttrycka i den motvind som piskar
Söderslätt i november

Så vi låtsas ha erforderlig utrustning och klädsel –
men vi vet att lögnen

Som vi så snillrikt konstruerar i detta nu ska följa oss
resten av livsresan allt ska framstå som en önskad
lättnad av enorm kapacitet i gryningen

I ljuset av de saktfärdiga lanternor vi överraskande
funnit på skrotens krosshög

Som om våra egna ideal är försvunna i en radikal
malström från 50-talet

Som om vi samtidigt längtar till Paris mitt inne i
motvindarnas hårda smekningar

När vi letar under och över golvens skakigt innehållslösa stöd i våra liv

Dyker de snyltande åsikternas envishet upp vid horisontens motljus

För vilka är vi egentligen att desperat avgöra vad vi egentligen får

Från alla de så slitet imbecilla metaforer vi anser att våra liv utgörs av

Mellan de delar vi aldrig kan urskilja av de tankar vi släppt taget om

Som är i framvagnen av alla de insatser vi slitsamt fogar till varandra

Ska vi då kunna veta vad vi gör av alla de snabbt flytande insikter

Vi så pretentiöst genom årens lopp har kallat för våra hjärnors barn

Då är de löften vi just då såg som så formlösa ett ny avgörande mått

På allt vad vi på sluttampen tänkte benämna en ny slags insiktslöshet

Men, kanske ska vi inse att det handlar om något helt

annat i slutänden

Att kanske enbart ge upp vid första tanken på att det
kommer en ny dag

För att vi aldrig ska ge oss in i så omvälvande insatser
någon mer gång

Om det inte handlar om motsatser till våra egna in-
satser i mörkrets vrår

Vi ska slutgiltigt förstå vad vi egentligen har lyckats
göra med livets väsen

I alla de avsikter vi menar att vi verkligen anslutit oss
till i livets korridorer

Så, betyder det att vi redan gett upp innan vi lärt oss
att slutföra något

Vad det då skulle kunna innebära att vi letade oss
igenom i allvarets stund

För att vi aldrig betyder mer för oss själva än någon
annan gör för sig själv

Något i allt detta vi ska vara så klena mot i smygtit-
tandets ekivoka upptåg

Och det brister en liten del av själen i oss på morgonen
vi släpats med av

Vad vi gör ska avgöra om vi kommer att se kvällen an
med tillförsikt

Betydelsen ur det grymt oavslutade perspektivets enda slutlösning

Är det enkla vi ska sikta på att försöka uppnå med en slags air av lätthet

För att vi då ska lära oss att förstå komplexiteten i vårt förehavande

På det att vi gruvar oss för att sluta serien med ett totalt misslyckade

Med det slitna allvar våra släktingar applicerar på våra drömmar

Om allt det vi vill utföra under de kommande årens förutsägbarhet

Som om allt det vi ska lära oss att betyda är en så obstinat inställning

Till livets alla omgångar av slutspel med ett allvar som kan tyckas rätt

På de frusna känslorna vi har att lita till i livets upp-försbackar

Och i en slags slowmotion med detaljerade efterhär-mar av insikter

Som om livet pekar rakt mot det mest slitna motargumentet av alla

Då vi kan konsten att sluta lyssna så särskilt aktivt i
motvinden

Så genar vi genom grammatikens korridorer och
mumlar ohörbart

På det att var och en som inte förstår ska straffas
dubbelt så effektivt

Så här i efterhand förefaller det ganska barnsligt, för
att inte säga dumt

Vi ska arbeta för att betydelsen blir så klar som det
bara är möjligt

Från den riktning vi i vissa avseenden betraktar som
överraskande

Till det vi ivrigt skanderar på fullaste allvar i motlutens
svaga hybris

Den flyende dagen vandrar i sin egen dimma av en-
vishetens töcken

Låt oss ge oss av för att sondera en matigare insikt
om terrängen

Där det finns möjligheter att expandera våra själars
oinskränkheter

Som vi skulle sakna som våra själar om vi tvingades
backa en smula

Bortsett från de allra yttersta kanternas yta av själens korridorer

Är det reella livets faktorer alltid som mest oavsiktligt underhållande

En av de saker vi aldrig snabbt skulle kunna skapa en imitation av

Ska försöka hålla sig till kanten av gångbanans slitna beläggning

Då vet vi aldrig, eller åtminstone sällan, vad det egentligen är som sker

Och vad gör vi egentligen av allt detta som vi sluter oss till?

I det verkliga nästet av komplicerade tankar och känslor tillsammans

För att vi alla deltar på skilda villkor i allt det som vi sluter oss till

Med det allvar vi alla menar är den säkraste attitydens insiktsfullhet

Kanske, i allt vad du tänker, ska detta lära oss något mer förenklat

Vi ska slutgiltigt kunna förstå konsekvenserna av vad

vi har gjort

För allt vad vi avsåg att kunna åstadkomma med våra
gärningars attityder

När allt det gamla slutgiltigt visar sig ha ganska litet
återstående värde

Och vi slutligen inser vad början till slutet egentligen
handlar om

Tordönet från tomheten i de ekande kalla rummens
dörröppningar

Är det enda som återstår i söndagseftermiddagens
stilla solstrålar

Vi lever i alla de slutgiltigt insiktsfulla aspekterna av
motståndets allvar

I allt det vi frenetiskt försöker uppbringa av goda
insikter och tankar

Och på en karta vi tror oss minnas från den egenartade
uppväxtens år

Där alla de instabila strukturerna visste med sig att
de inte riktigt dög

Och de kyligaste delarna av det sunda förnuft vi ändå
trodde oss besitta

Visade sig vara ännu en av alla dessa upprepningar vi
hela tidens undvek utan att förortens sanna verklighet
lät sig bevekas och krypa till korset

Eftersom vi alltid är våra egna motpoler i genomsnittets slitna fadäser

I allt det som stör oss så mycket i våra egna själars
grundstötta tankemödor

Vi vet, vi anar, vi drar slutsatserna om allt det vi inte
förnimmer

I det rum vi just nu befinner oss i – just nu i en slags
förrådd verklighet

Delarna av det försmådda livets egna konsekvenser
blir allt suddigare

I takt med att de odelbara vinsterna för själarnas
insatser blir allt mindre

Vi har möjligen gett upp frågan om att förstå intighe-
tens kvadratur

Men landar dock dessvärre oundvikligen i en mental
återvändsgränd

Trots vad vi gör av eller med livet är det stillastående
som är vår fiende

Att frångå det synsättet tenderar att skapa helt nya
problem med gamla insikter

Det, så på avstånd, liggande livets absurditeters slitna

uppdragsverksamhet

I de mest pessimistiska stunder vi kan föreställa oss
att vi har tid med

I sönderfallande hemkvarter och deras möglande
gatlyktors sken i natten

Som de mest utsatta tankarna också är de mest slitna
och ömkansvärda

Men, den låsbefriade cykeln väntar i gryningens tvek-
samma solstrålar

Längs smala gränder och pulserande avenyer är vi
åter vid utgångspunkten

Och det vi tror oss uppleva är något vi hittar på i
stundens envetna hetta

Vår del av det hela är enklast att förklara som en slags
brist på riktig närvaro

I allt det vi lagt oss vinn om att hantera som en slags
verklig livsåskådning

Ska dessa tankars slitna flöde bli en ny allé av plataner
genom våra liv

Vi fortsätter att lära oss för att kunna stå ut med
okunskapens virrvarr

Då sänker vi hastigheten i vår framfart genom vad vi vanligen kallar livet

Och leder oss sakta fram längs de mörka grändernas slitna stenläggning

I alla de förlorade delar vi önskar att vi aldrig hade gjorts medvetna om

Så vi slipper försöka förstå deras roller i det stora sammanhanget

Vi vet ändå inte vad vi gillar som svar på de frågor vi försöker ställa

Om det egentligen angår oss på det mest ingående sättets avskildhet

Där vi ska leda oss in i en separat värld utan de minsta tårarnas arv

Men, vi ska hålla oss för skratt under långa tiders exakta ögonblick

Som om vi, i allt vad vi försöker göra, kan vara sanna mot oss själva

Under slitaget av all den saknad som vi har att förlita oss till av hävd

Av den lilla relevans vi lärt oss förstå ska innebära

ett slags allvar

Till allt det vi adderar för att kunna betrakta oss själva
med sobra ögon

När vi inbillar oss att allt vi erfar är en så kallad upp-
diktad verklighet

Som nu inte ens finns på vår medvetna karta över
tankeverksamheten

Och i alla de skrymslen vi underförstår i våra inveck-
lade resonemang

Är allt vi förstått en så liten del av den totala massan
av samlad kunskap

Som om det inte ens räcker att vi arbetar oss djurslitna
i nattens mörker

Och den alltmer kyliga solens inverkan på våra fattiga
själars center

Så ska vi veta allt vi har lyckats glömma så långt på
vår ensliga färd

För att allt det vi sluter oss till är en tanke vi aldrig
kan sakna mer än nu

Men, ska det betyda mer nu än det kommer att göra
så långt senare

Vi sluter oss i vanmaktens slitna korridorer och landar
mjukare än livet

I de ljusa tapeternas skuggfyllda undervegetations så

groteskt allvarsamma dager

Då briserar våra hjärnor i en tankemylla av sönder-
slitna minnen och dagg

I alla de skiftningar som vi fortsätter att förefalla
existera vidare i

De snedskär i livet som brister i gryningsljuset blir de mest minnesvärda

Då vi kollar senare hur det har blivit för resultat av
det vi upplevde

Av drömmar som skulle vara vår framtid en gång för
så länge sedan

Och de där diffusa drömmarna skulle vi komma att
sakna för alltid

På ett sätt vi inte kunnat förutse i vår romantiska
tolkning av livet

Utan vi fortsatte vår ambitiösa satsning för att försöka
veta mer ändå

Av de enkla tankar vi skulle ha kunnat förstå som en
del av oss själva

Vad det nu egentligen har att göra med själva över-
levnaden i kolonistugan

Och det vi saknade mest av allt på den kalla nord-
sluttningen av byn

Som vi ska se det som en slags återblick från en av-
lägsen framtid

Där vi mest slappar i vår enda hammock och stirrar

på gråa moln

Som vi ska hålla av till dödagar utan baktankar om någon återbäring

I det vi har förstått finns en bråkdel som ännu är intensivt förborgad

Som gör att allt vi inser är en del av något så mycket större koncept

Vi spelar med för att låta oss förstå vad det hela slutligen kan leda till

Vi ska bara ut på myren först för att kolla kråkbärens mognadsgrad

Av allt det vi klarar av att leva utan är bråkdelen det allra viktigaste

Jämfört med det vi har sett under alla år som flöt förbi vår flotte

I allt det vi fallerade att ge oss till att förstå på det djupaste allvaret

Vad vi ska klara oss själva ifrån i motljusets slitna kanter och skärsår

Under alla år av saknade ljud från den allra minsta insiktens själsnöd

Bedömd att vara den mest negligerbara uppgiften i vårt kända universum

Snålblåstens lössläppta hästar vandrar i en sliten grynings första stund

Och våra drömmar fylls av deras yvigt tilltagna och
impulsiva frustanden
Som i skenet från vårt förflutna kan te sig en smula
mer apart än tidigare
Så vi återgår till ett status quo ante bellum vad gäller
vårt beteende
Tillknycklade av våra egna ambitioners slutgiltiga och
snöpliga avslutning
I alla de delar vi tror att livet ska bestå av, utan att vi
förstår varför
Vi slutförvarar våra uppenbara brister i en låda av
drömmar om framtiden
Då vi ska håva in alla de slutsatser vi undvikit så här
långt i livet
Av hänsyn till de vänner vi har undvarat i evigheters
drömlika rum
På det andra hållet vi kan betrakta oss själva ifrån
utan saknadens instrument
Vi ska hålla med geografernas beskrivning av våra

färder av säkerhetsskäl

Som om den har större betydelse än våra egna min-
nen av den tiden

Då allt det vi slutgiltigt bestämt oss att det hör hemma
i våra liv

Och vi greppar den slutgiltiga beskrivningen utan att
spela över det minsta

När de slappt lägger sig tillrätta efter att vi noterat
deras förehavanden

I den loggbok vi alltid uppdaterar när vi får en smula
tid till övers

Och låter den där loggen styra helt och hållet över
vårt eget välbefinnande

Men utan våra egna perspektiv på anteckningarna går
vi så lätt vilse i själen

Som om vi arbetar på att bli vår egen motsats i livets
slutna korridorer

Vi övergår i en sekundär livsform för att kunna
fortsätta att existera

Som om den tid vi lever på fullaste
allvar skapar oss om och om igen

För att låta oss genomlida en del av det sorgligt för-
flutnas irrgångar på nytt

Så långsamt som om det inte längre handlar just om
rörelse eller liv

Bortom de varelser vi på goda grunder antar att vi
egentligen är och ska förbli

Det enda vi verkligen kan inse att vi förstår är det
överblivna jagets irrfärder

Som en aspekt på varför vi alltid ger oss in i ett slags
allvar på nytt och så gärna

Tror att vi förstår av den skenbild av våra liv vi ska
upplysa oss själva om

På den sidan av livets kanal vi ständigt försöker styra
upp som vår alldeles egna

När du tar vad du tror är dina steg in i allvarets fuktigt
snåla ovisshet

Förebildas de versioner av stundens allvar som vi tar
på det fullaste allvar

Då vi fattar vad vi ska ta oss an för att slippa undan

vardagens gråheter

Befinner vi oss i alla de slitna rum vi helst av allt ville
glömma snabbt

Vad skulle allt detta ha betytt för oss om vi lämnade
våra själar som pant

Som om de skulle ha något som helst värde utanför
våra slitna kroppar

Men vi är i alla de led där vi kan spåra en förutsättning
för oss själva

Så vi kan nu sluta gissa utkomsten med omedelbar
verkan i slutmålet

Upptäckten av att vägen kanske egentligen inte är
samma sak som målet

Medan vi sorgset stukade sitter på verandans fuktiga
stolar och surar

Som om det leder oss in på nya fulländade stigar av
stundens moras

Hellre än att vi så sakteliga avtar i lyskraft efter stun-
dens bristande allvar

Vi kontrar händelserna med låga benparader som
den rätta nivån för oss

Om det vi hellre ville med våra åtaganden vore något
helt annat mål

Hörseln briserar som en del av allt i omgivningen som skäller klanger

Och ovissheten bjällrar i dess snikna kölvattens enkla
former i universum
Då ska det bli en del överskott i känslobarometerns
envisa noteringar
Av det vi tror oss behöva mest under fortsättningen
av alla de där insatserna
Som om vi egentligen inte ville ta till mer än detta i
någon slags överkant av livet
Just på det där banala sättet som vi alltid tyckt skulle
vara så enormt charmigt
Vi frågar oss om det egentligen skulle ha betytt mer
för oss om det varit tvärtom
Kanske vet vi egentligen inte vad som gäller, eller bryr
oss inte tillräckligt
Ger oss av som med en katapult för att svinga mellan
idéernas såpade lianer
Det tycks vara livet som en variant av ett groteskt spel
utan minsta regel
Då föreställer vi oss, naturligtvis, att det ska bli bättre

Den ludna dörren II: Formler

om ett par veckor

Som om vi skulle kunna ha den minsta aning om vad
som komma skall

Men, ska vi behöva allt detta för att stå ut i längden
av samhällets utkant

Som det skulle kunna ge oss ett slags livets respit
med tankearbetets uppdrag

Men, är det då så klart att vi ska spinna oss en kokong
av leda, under fniss

I alla de där schlagerfestivalerna vi undvikit att ta del
i genom årens enfald

Av sanningen mot oss själva och som en ynnest från
gudarnas allmänna ordning

Så skallrar jorden oss till sömns vareviga natt, trots
vårt envetna motstånd

Vi kommer liksom ingen vart med snälla påminnelser
i motvindens elakhet

Från det håll vi ska brisera genom kommer ingen
hjälp i brådraskets allvar

Enkla framträder tankarnas brunstiga vokaler som
en tankekedja utan slut

I vårt jakt på effekter som ska hjälpa oss mot den allra
sista portens öppning

I alla de stilla stunder när vi överger
våra ursprungliga drömmar är vi döende

Som om vi absolut måste hålla oss undan allt det vi
inte kan förstå oss på
När vi ändå är på väg att halvt brisera av det slitna
undermedvetna vi dras med
Och vad vi än gav oss in på visade det sig nu vara en
chimär utan riktigt slut
Så det enda vi kan tvinga oss att tro på och ta till oss
är det avlägsna livet
Som om det skulle förklara vad vi egentligen är i färd
med att åstadkomma
För att vi ska hålla oss till centrumlinjen från backens
början till dess slut
Och allt vi saknade mest hela tiden var det vi undvek
att riktigt leta efter
När vi får för oss att allt vi verkligen behöver känna
till är vad vi redan vet
Vad vi gör för att snåra oss ur den motsägelsen är värt
att bevara framöver
Som om allt det enkla vi nästlat oss in i ska visa att

vi förstår vår slitna omvärld

Då vi höll på att brisera av våra innersta tankars unkenhet och öppna vånda

Efter åratal av latmaskens rytmiska konvulsioner är vi åter på rätta vägen

Men, vad gjorde vi egentligen enbart för att hålla oss nöjaktigt sysselsatta

I allt dessa enkelhetens uttryck vi så längtade efter att samla oss runt omkring

Som vi inte ens då hade anledning att ens kunna förstå i deras fulla mening

Skulle vi förstå det enkla eller rata det i en slags enfaldig maktdemonstration

I alla de saknader våra underjag larmade oss med under oavbrutna meddelanden

Allt gjordes för att dryga ut livet med de allra sista dropparna av förståelse

Utan att vi kunde fatta vad den positiva innebörden egentligen skulle handla om när vi träffades i en natt mörkare än våra svåraste stunders mentala orosmoln

När det sätt som vi lärde oss att närma oss de ljusare stunderna fallerade helt

Som om vi skulle anta en form vi aldrig tidigare omfattat i denna mörka tid

På det sätt vi alltid lärt oss att hantera livets allra som mest skiftande skeden

Förlorar vi oftast på sätt och vis den där inneboende saknaden vi vill minnas mest

När vi aldrig kan lära oss att slutgiltigt inse den mest aviga sidan av minnena

Med alla de revirkränkningar vi ska genomföra för att komma fram i tillvaron

Vi lever upp i gryningen så snåla ljus, som om vi närs av bristen på dagsljus

Och har slutgiltigt tagit hand om oss själva på det skamligaste sättet vi vet

Så långt under de lågvattenmärken vi rättrådigt introducerade för så länge sedan

I de fjärran marker där vi växte upp, i skuggan av medelklassens dominans

Så vi torterar oss själva med motsatser av det självklaras mest ytliga insikter

Vi konstaterar att förklaringar enbart innebär förenklingar av sakernas tillstånd

När vi tillgodoräknar oss de unkna leksaksinsikter vi

stolta anser oss ha erövrat

Så det är lugna gatan på allvar som en slags motvikt
till ytlighetens slitna blues

För att vi kalibrerar oss efter de mest kommersiella
manifestationerna i landet

På alla de tomter vi förklarar oss oavhängiga av under
månens slitna ljusbad

I centrum av den unkna stämning som uppstår i
motljusets slitna harmonier

Så utan belöningar att det förefaller fattigare än
gårdagens uppvärmda gröt

Och att vi aldrig någonsin mer ska kunna förstår vad
vi egentligen gjorde igår

Med de tankar vi på sätt och vis omgärdat oss med
under så väldigt långa tider

I allt det norrsken vi kan konsumera under vår livstid
utan några ambitioner

Då vi slutligen förstår vidden av de missuppfattningar
vi skapat oss med hjälp av

Så vi skapar våld genom att försöka förstå vidden av
vår berättigade vånda

Som en avslutning på berättelsen om våra liv, om vårt
sätt att leva den

Som en trist gråmelerad filatelist på villovägar på nergångna gator

Manifesterar den ömsesidiga bristfälligheten sig i vissa återkommande beteenden

I alla de skeenden som innebär någon slags form av utveckling eller förändring

Vi förutskickar att detta är en allvarlig åkomma och agerar i analogi med detta

Men att det vi utgår ifrån är en helt annan sida inom oss själva i detta slitna nu

I alla de saknader vi gett uttryck för i den mångsidiga debattens häcklöpning

Som vi ständigt fortsätter diskutera som om vikten av detta vore den allra högsta

På det allvarsamma sätt vi aldrig kan sluta oss till med automatikens gravallvar

Men, vi har levt allt detta, om och om igen, utan att förstå den exakta innebörden

Kanske är den för komplicerad för de så rustika hjärnor vi försöker använda

Vad vi saknar i vår hermetiskt slutna värld av drömmar är det yttersta beviset

Och det enda vi inte tillåter oss att dela med oss av i
fortsättningen av historien

Som om vi ens förstår vad vi en gång betydde för att
skapa bilden av oss själva

Som om det liv vi levt är en enda påminnelse om hur
vi inte skulla ha levt det

Kanske genom allt det vi sett till att det dyker upp i
tid på rätt plats

När vi kisar mot solen i nedförsbackens accelererande
påskjut i nattens dis

I den stund vi har slutat att leta efter ingången och
bestämmer oss för att gå

Men kan vi någonsin glömma den där jaktens nerviga
minuter och slappna av

I alla de motljusets inbillade asvikter och fixerade
nollpunkters envetna positioner

Ska vi leta så länge efter den slutliga grundbulten i
universum att vi vinner

Utan att behöva använda ett glastema en enda gång
under alla dessa dagars slit

Och de jämförbara storheterna är inte längre kali-
brerade enligt någon slags standard

Men, säg mig nu genast, om segern
är sanning om måttet på någon slags
framgång

Betyder det med full automatik att vi har absolut koll

på vart vi är på väg i natten

Som om alla de stora relationerna skulle kunna avgöras

till vår för- eller nackdel

När vi vänder åter från främmande land och landar i

1950-talsidyllens puttenutt

Där de stora greppen ännu inte är helt uppfunna och

vi storknar av korrekthetens

Ännu inte helt utvecklade insikter om hur och vad vi

ska komma att leva för liv

Så, vi ska hålla koll på framför allt oss själva, men det

medför en viss grad av koll

På resten av världen också, kanske mest för att djävlas

med alla andra, men ändå

Mest för att det innebär att vi själva ska skälva av

intresse för framtidens värld

Där vi aldrig ska kunna veta vilket som är daning och

vilket som är rena påhitt

Av de som omger oss i form av arbetskamrater och
mer eller mindre ytliga vänner

Som påstår sig inte känna igen oss (som om de kun-
nat) när vi visar sidor de aldrig sett

I allt det där som vi inombords definierar som en stor
del av oss, men ingen känner

Men, vi tar det som intäkt för att brumma på med
våra inre stretande strider

Som om de där kamraterna omkring oss inte har koll
(sant) på vilka figurer vi är

Men, vi är givetvis äntligen på väg att överraska alla
stort, inte minst oss själva

Om vad allt vi gör egentligen ska kunna betyda för
världen och individerna

Som om de av oss som varit på väg och kommit till-
baka är en del av det vilda

Och de andra inte helt greppar detta eftersom det
ligger utanför deras inkrökta värld

Utan allra minsta utsikt över det som avviker från
deras syn på vad världen är

Under alla de där pinande lång dygnen vore det enk-
lare att hålla tyst än att tala

För förståelsen är inte något de naturligt har som en
högt utvecklad egenskap

Betyder det att vi har gett upp allt vi vill
– eller enbart tar en paus i livets pyssel

Med allt det där vi skulle vilja göra, men aldrig riktigt
hinner med i vardagen
Men kanske vinet riktigt med vad vi sysslar med utan
tar det som det kommer
Av det vi har hittat längs den stig vi vandrar om dagen
och vilar vid om natten
Och det vi sett och hört i nattens ömkansvärda skugg-
spel på livets avigsidor
Som betyder att vi egentligen aldrig riktigt förstått
något, allra minst oss själva
Vad har vi gett oss in är inget vi reflekterar över i
brådrasket, utan plöjer på
Med allvar vi lyckats prestera under den snåla tid vi
kollar horisontens grå linje
Anledningar står i kö för att göra oss medvetna om
våra liv, fyllda av motsatser
Relaterade till det vi innerst inne inte ens har börjat
skrapa på ytan till meningen av
Är det en mening vi drivit oss själva till att skapa, eller

en rest från det förflutna

Av det vi håller av allra mest i universums nergångna
stigar genom levnaden

I alla delar så enhetligt gråskuggad och erbarmlig i
siluettens skarpskurna profil

Att vi ska skriva rent historierna om oss själva i ett
inferno av långtråkighet

Som om det vi ger oss in i är noggrant genomtänkt
och kalkylerat på förhand

När vi släpar oss genom den sömndruckna gryningens
ogenomtänkta uppdrag

Delarna vi ska bygga samman till en enhetlig självbild
ligger så sorgset sprida

I det landskap vi svårligen kan beskriva utan hjälp av
ett snällbläddrat lexikon

Med de gram av framtidstro vi blandar samman med
munspel och sömngrus

Vi ska aldrig finnas i den meningen att vi kommer
ihåg ett annat sekel

Men, att ni inte vill delta i framställningen av de in-
trikata hjärnvindlingarna

Är inte ett skäl till att låta oss alla undvika den tarm
av insikt vi oftast hotas av

När sådant ska splittras i den stela gryningens groteskt

stora rödflammiga händer

Eller materialiseras i en annan morgon, på en annan

plats, i slutförvar och tystnad

Om det vi försöker koncentrera oss på i motljusets trista sommarkorridorer

Ser vi det som en slags utmaning i vår levnad utan
helt definierat och beskrivet slut

Vi fattar, ja, vi fattar nog att det är vår egen upplevelse
som skiftar över tid

Om det vi sagt, eller gjort, framför fonden av sunkiga
härkomst och bakgrund

I alla de celler vi har lyckats fly från för att enbart
hamna i de nybyggda enheterna

Som om det inte betyder något vilken åsikt vi har om
omvärldens slutenhet

Vi vänder oss om i dörren och ser tillbaka på det rum
och den tid vi lämnar

Och det förefaller oss inte som om rummet har någon
allvarlig betydelse längre

Kunde vi leverera det slutna rummet som en slags
gåta skulle vi troligen göra det

När ordspralleriets främsta förespråkare gömmer sig
i svarta källarhål av ångest

Landar vi i en slags otillfredsställdhetens slitna metaforer en söndagsmorgons brink

På ett eller annat i vår väg som innebär slutna verk-
tygslådor och avslaget kaffe

Som om vi sakta är på väg genom Galleries LaFayette
en bister höst på 1980-talet

Då allt var så annorlunda att det var en annan värld,
utan sammanhang eller slut

Under alla de svårtolkade finesser vi aldrig någon
brydde oss om att ta till oss

I alla de år vi kämpade mot de själens rivningskoncept
vi bara anade, men inte såg

Men, ger oss av från det som vi brukade kalla för
"främmande" och letar efter annat

Som om det slirar en aning på kopplingen i alla motlut
i själens vacklande landskap

Delarna av vårt förflutna är de formler som utan tvång
skapar våra nyaste drömmar

För att de vill veta vad det inte skulle kunna innebära
i en avlägsen framtids horisont

Där vi har allt det där att leva med enbart som en
flagga över ett öde landskaps anlete

Det enda som vi slutar att förstå är inget av det vi kan
komma på att räkna upp

Då de liv vi tro att vi lever visar sig vara slitna parafraser på andras redan levda liv

Minskar den goda inställningen i ett omfång relativt våra aspirationers intensitet

Delar av ett system vi aldrig har kunnat lära oss att ens godtyckligt kunna tolka

När det för oss enbart handlar om allt eller inget och inga mjukare varianter än så

Vi har enbart oss själva att kunna bistå motsatsernas envetna intervaller av nåd

På den andra sidan av bryggan där Karons roddbåtar vilar sig mellan turernas slit

Efter den andlöshetens villkorat slutgiltiga insikter vi sedan så länge förlitar oss på

Vi är så för att vi ska veta det allra viktigaste vi har att ta oss till i bakvattnets rännil

Där vi erbjuds acceptera det vi tycker oss förstå under en sliten vardagshimmel

Samtidigt är vi på väg i en slags underström vi inte visste fanns i denna position

Som om vi inte ens har någon riktig koll på var vi

egentligen befinner oss på kartan

Via den utvalda länken vi föredrar att orientera oss
efter i nattens bristande ljuspunkter

Och det vi tycks föredra att ändra oss inför är en
söndersliten uppfattning om livet

Som ett slags evig påminnelse om det vi har missat
på sammanhangets agenda

Med ett tankegods som har sitt ursprung i individer
som existerade generationer tillbaka

Som kanske aldrig riktigt kunnat ta till oss i motsats-
erna land med undantagens prioritet

Utan den skillnad som tidens gång kan resultera i för
innebörden i allvarliga resonemang

Vad ska livet handla, om är den eviga frågans slutgiltiga
punchline i motlutens allvar

I allt det enkla som komplicerar vår tillvaro på ett så
allvarsamt sätt att vi dånar

Av det tordön som är vår alldeles egna uppjazzade
version av Jantelagens bokstav

Där allt vi aldrig ens känt till leder oss in i nya laby-
rinter av frågetecknens allvar

Och vi ska ta återstoden av det allra minsta som intäkt
för det egna allvarets mimik

Då vi levde åter uppiggade av vår slentrianiella version av livets enklast formade knutar

Och betraktade allting som om det ständigt var på väg till centrum av vår existens

Och det gav sig inte bättre än att just detta till slut blev till ett minne som bet sig fast

I det allra mest bittra i existensens blodiga mantel av förebråelsernas slitna midnätter

Upp emot de känslostormar vi nästan alltid haft så lätt att fångas av om dagarna

Men, aldrig att det skulle kunna styra oss det allra minsta eller anvisade vår väg i natten

Till slut ska vi dock förstå vad vi håller på med i detta till synes ovarsamma mörker

Och de relaterade delarna av vårt livslopp ska generera något med mer beständighet

Av allt det vi håller för kärt av de krafter som ständigt sliter vår tagna kurs i småbitar

För att släppa fram ett vindpinat snälltåg genom nattens obskyra insatser mot tidens lopp

Samtidigt som vi aldrig riktigt har någon egentlig koll

Den ludna dörren II: Formler

på vart vi är på väg i nattens djup

Bara som en slags obekymrade motglanser i allt det bekymmersbefriade vi kallar vardagens slit

Kanske inställningars tillförlitlighet briserar i ett slags nyskapt midnattsbefriad dygnsrytm

Av vad vi så retsamt refererar till som en av våra bästa vänners inövade inställsamhet

På de imperativa knutar vi påpekar att vi ska låta bli att återkomma till under dagen

Som i allt det mest enkla ändå är en ny påminnelse om vad vi lärt oss att undvika

Som allt det bortslungade ska innebära för oss i slutet av den branta tunnelns lopp

Medan de som tycker sig veta bättre menar att tolkning-en egentligen är ett lotteri

För aldrig ska vi någonsin komma att förstå den enkla slentrianens insiktsfulla tystnader

Det ska kunderna veta om de ens vill träda in på Mammons vidriga tempelgårdar

I allt det enkla vi ständigt ser upp till, som en del av vår simpla uppgift i detta livet

Där vi slutgiltigt vrider oss kring vår egen axel i smärtsamma imitationer av lycka

Så, när det vi vet att allt är en del av den mest slitna melodin i vårt allra sämsta öra

Men vi är så benhårt säkra på att är just detta som
hörs bäst i den ylande nattens mörker

Och en liten del av vårt inre berörs utan gräns av de
ylande sirenernas stämmosång

Låter oss ta till allt i en slags överkant av det mest
stillsamma vi kan just nu exekverar

Där det där enkla vi i första hand är så uppenbart
intresserade av i vår närmaste omvärld

Blir till det allra mest betydelsefulla vi kan föreställa
oss vid motorvägens mörka slut

Allt det är i verklighetens kjolveck vi har att bemästra
om vi ska överleva till kvällen

Men att det hade en annan innebörd var långt ifrån
vad vi ursprungligen kunde tro

Och vi är de som svävande faller, utan skyddsnät, i
vår ständiga oändliga närvaro

Utan att vi kan förstå vad det är för smutsiga äventyr
vi egentligen har gett oss in i

På ett avstånd från oss själva vi aldrig ska kunna

överbrygga utan största besvär

Fattas bara att vi aldrig ska återvända till järnvägens

nattståndna vattenkaraffer igen

Som om det vi saknade allra mest i frånvaron av våra

slutna tankar är framtiden

Så blir det med allt vi skulle kunna tänka oss att utföra

med en liten fingerrörelse

När ögonlektionen i allt detta blir en aning bitter att

bära in i framtidens kloaker

Och den uppfattning om oss själva vi sliter mest med

i motlutens arabesker är sann

Men kanske mer för att vi inte längre kan överblicka

konsekvenserna av synintrycken

För att prata omkull en självgod försäljare i en galleria

i en sliten förort från 50-talet

Som om det ligger en slags poetisk rättvisa i ett sådant

förfarande i gryningsljuset

Kanske det kan bli den varianten att vi ser till att kat-

tungarna får ett framtida hem

Med det vi utgår ifrån att skulle kunna behöva av aktiv

tillsyn och poetisk omvårdnad

För de ouppnåeliga och glömda insikterna ligger inte

heller de på någon slags latsida

Onekligen är det vad vi skulle kunna ta till av de motsatser vi omges av

I det psyktestandets virrvarr som kallas en vanlig fredagkväll i den urbana miljön

Det är då, först då, som vi fattar att vi ligger ohjälpligt efter i samhällsanalysen

Där vi aldrig ska kunna företa oss något mer komplicerat än att himla med ögonen

För att vi aldrig förstod varför vi överhuvudtaget deltog i sådana manifestationer

Som ett senkommet resultat av de ting vi iakttagit och slutgiltigt vant oss av med

Till och till den grad att vi aldrig varit med om att vi ens förstått ett jota av livet

I den del av den hopsamlade bröten av slitna ägodelar och belastningar i en natt

Och att vi ska betyda mer för oss själva när vi lärt oss att samla oss inför mörkret

Hellre än att vi undviker att konfrontera det i den tunna gryningens bleka insiktsfullhet

Koncentrerade på de delar av livets virrvarr vi helst av allt egentligen ville undvika

Den ludna dörren II: Formler

För att inte leda oss på de villovägar våra mammor
varnade oss för i forntiden

Som ett slags försprång inför det som skulle innebära
en slags utförsbackens sorti

När vi skulle få veta vilka som egentligen platsade i
samhället, och vilka som inte

Men, eftersom vi ser allt som om det hänger samman,
hellre än att det är separerat

Leder det oss in i söndriga labyrinter av hugskott och
fragment av halvt glömda idéer

Allt det där ska vi så småningom ha lyckats glömma,
men inte utan skavsår i själen

Vad det än resulterar i ska vi aldrig helt kunna utplåna
de märken det lämnar i oss

Till alla de enkla delar vi aldrig riktigt kunna foga
samman till något helgjutet

Vi har så länge hävdat att det enklaste är det mest
komplicerade att kunna göra

Men, av den insikten är det svårt att göra ett alltför
allvarligt fotsteg i en sliten natt

Så kunde vi absolut delta i de tankar vi lånade ur historiens snabba kast av otur

Samtidigt som de genererade en allvarlig ton av slitna insikter som ett slags allvar

På samma gång som alla tankar vi valt att syssla med inte längre var allvarligt gångbara

Eftersom det i allt vad vi sett av livet vilade en slags förbannelse över gårdagens apatier

Fyllda med den sortens allvar vi aldrig med uppsåt hade kunnat föreställa oss på förhand

Utan den attityd av allvarligt förfäktade idéer var en slags uppenbarelse utan form

Vi vandrar sakta i gårdagens alléer, utan riktning eller uppsåt i våra förehavanden

Där lever en slags varelser inom oss som vi aldrig ska kunna lära känna till fullo

De nya kantigheter vi undvarar i nattens smygande skrymslen är en uppenbar lögn

I det nu som skapas av de avarternas blues vi lärt oss att acceptera som en slags gåva

Vi skulle ha gett oss av för att på andra sidan stadens

gränser förvandla oss till vålnader

Som utan pardon hade relationer med andra än sig
själva och de avarter det betydde

Men allt det som skulle kunna betyda mest i motljusets
romboida strålning var slutsatser

Om alla de insikter vi trodde oss om att kunna ta till
vara i en slutgiltig insats i mörkret

Vi försökte undvika att falla för alla de frestelser vi
själva hade insikt om att delta i

Och om vi i allt det slutgiltigt outplånliga då skulle
kunna veta ännu mer om oss själva

Som det var, som det betydde, i en snål angivelse av
tid och rum på någon av våra bakgårdar

Skulle vi helt och hållet hålla oss undan i slutenhetens
exakta kvarhållande av mörker

Och lita fullt och fast på det vi helst av allt skulle
komma att undvika i skymningens tvekan

Medan vi gör om alla de insatser vi tidigare tvekat om
huruvida de var tillräckligt korrekta

Ska detta bli ett minne som vi ska vårda så länge vi
förstår den skillnad som det gör

Vi ska förstå, fortsätta, blixtra till och sedan blir det
enbart ett slags mörker i evigheten

Som om koncentration lyser på det till synes viktiga i tillvarons existens på isytans plåga

Är försöken att utplåna de mest slitstarka minnena

en liten del av vad vi helst vill glömma

Vi ser aldrig de motsatser som vi tvingas att skapa på

vägen mot den slutgiltiga enkelheten

Framför de subtila vågor av vind som smeker våra

daggvåta kinder i neonernas sken

När vi snabbt tvingade oss att leva oss till det mest

efemära i vardagens enahanda insikter

Och det vi då hade att efterlikna var våra egna småak-

tigheters borttappade avgöranden

När de enstaka avbrotten i vardagslunken emanerar

ur den insikt vi har om ljusets död

Och allt är inget, eller kanske inte ens det i vår slut-

giltiga apati i skymningens ödetomter

Har vi då gett oss in i de avbrott vi en gång varnade

oss själva för att befatta oss med

På det där enahanda sättet som är så typiskt för oss

i gryningens så slitet envetna ödemarker

När de larver av ljus som äter våra hjärnor är den sista

stridens olyckliga derivat av ljus

Utan de mest slitna attityderna vi kan leverera i nat-
tens uppenbara motstånd till våra liv

Som vi lever upp av att utvinna ur vår omedelbara
omgivnings så ovetande närvaro

Utåt från själen och framåt i livet hamnar vi på sunkiga
caféer från 70-talets drömmar

Som om det finns motsatser inbyggda i visionernas
subtila fragment av kombinationer

Som om allt det enkla vi omhuldar ska låta oss slippa
undan en enda timme av färden

I alla de länder vi aldrig besökt och i de kulturer vi
tagit till oss som våra fostermarker

Som om länder och kulturer är en slags varor vi
aldrig kan utplåna från våra minnen, som om den
slutgiltiga saknaden briserar i en slags våldsnatt vi
aldrig förstått oss på

Då vi passerar de bekanta portarna i en avsides hörna
av universums bakgård och inser att det vi sett inte är
slutet på något, utan mer det som är det aktuella nuet

När vi fortsätter att räkna de poäng som vi tycker
att omgivningen nu borde föräras det vi sett är vad
vi sett när vi gett oss in i de avslutande livsbetygens
formella kaos

Om de alldeles nymålade minnena
hopades i vår egen innebörd utan slut

Skulle vi ändå inte kunna avsluta de enkla tankar det

hela hade startat med en gång

När vi kan hitta frånstyret inom oss och snarlika oss

vid vindens stilla sus i örat

Och att vi aldrig har kunnat förstå våra mest enkla

tankar i avståndets rangliga rytmik

Men att vi aldrig tycker oss förstå det allra minsta av

slitets vardagspoesi är en fördel

Om vi i allt det uppenbara ska hålla oss till någon

slags historik över händelserna

Men, det förutsätter att vi förmår greppa situationens

inbyggda allvar på rätt sätt

Och att vi delat med oss av de tankar vi så smärtfyllt

pressat ur våra innersta väsen

Som den mest allvarsamma essens av livet vi någonsin

kommer att kunna uppleva

Med det vi gör som en del av våra försök att stadga

oss kring livets enkla mittpelare

I en del av den mångfald vi så desperat försöker un-

derhålla i vindens motlut

Och de erfarenheterna ska kunna glömmas bort i en
vind av hasselnötters rassel
Från alla försök vi gjort att hålla oss på benen i livets
motvind och dess konsekvenser
Delar av våra trögflytande insikters allvarliga brister
och tokiga slutledningar
Och det vi oavsiktligt antagit vara våra insikter ska
brisera i ett slags skogsbryn
I allt det vi aldrig insett att vi har förbisett i oändliga
tidsrymder och avslutat
Som om vi aldrig riktigt kunnat förstå var det egent-
ligen hade sin begynnelsepunkt
När de avfarter vi försöker inlemma i vårt försvar mot
höstens slitna stormar
Blir den del av våra egon som alldeles för lättvindigt
blev en del av våra tankebanor
När dimmorna i vårt medvetande lättar som krusiga
moln kring höstens stolta port
Som om jämförelsen är en upphöjd aktivitet i sig –
utan jämförelse ett slutdatum
Och skuggorna från vår egen inneboende stenålder
rammar vårt bräckliga väsen
Ska allt det där så gamla ligga bakom oss, som om det
aldrig hänt eller noterats

Men, kunde vi då i smyg, dela med oss
alla svårmodiga katarakter vi samlat på
oss

Eller blivit varse på den sidan av verkligheten där vi
vanemässigt uppehöll oss

Redan långt innan vi kunde hålla det för troligt att
livet var en slags biologisk fars

Där vi aldrig ska kunna veta, eller lära oss, vad den
egentligen har för punchline

Vad vi än gör oss till för att kunna påverka universum
är det ett dödfött försök i raden

Och vad det ska leda till är en slags outgrundligt enkel
fråga med svävande svar

Och i alla de små enheter vi alltid sett till att de lagras
på hemliga platser i vår periferi

Som om det vore en slags tveeggat bönhörd oavsik-
tlighet i tankens enkla åtaganden

Där vi kunde slå oss till ro med andra typer av up-
pdrag än de i huvudfårans djup

Där det enbart syns en del av vad vi håller på att göra
av med i vår själviskhet

Enklare än något vi skulle kunnat ha inverkan på att

verkställa i livets malström

Och vi tar ett slags avstånd i det stolta vi så länge
undvikit att dela med oss av

Men att vi aldrig med minsta finess, skulle kunna
utröna ursprunget till allt detta

Förefaller idag som ett hån mot själva kärnan i vår
existens och dess fortsättning

Tillsammans med vad vi oavbrutet gör varje dag är
det enklare att inte avsluta något

Och fråga oss om det ska ge oss någon slags parallell
insats i det långa loppet

Som om tankarna inte längre är så råbarkade som de
brukade vara under solens ljus

Återstår bara de enklaste futiliteter som ett resultat
av alla tankens svepande liehugg

När vi ska göra oss klara för att ge oss av in på en stig
vi siktat på så länge vi kan minnas

Om det nu bara känns som en viktig insats i allt det
vi har ansett oss kapabla till

Utanför alla de gränser vi, och andra, har satt upp för
en vanlig dag i livets kvarn

Ska vi delge oss själva de allra mest slitvärda tankarna
vi hittills kunnat uppbringa

I det frånvända ljusets ömkliga strålar av en ny sorts påverkan vi försöker undvika

Bryter konserterna in över de ödsliga myrarnas så
slitet invecklade landskaps enkla toner
Men att vi skulle bry oss det allra minsta om vad det
ska innebära för oss imorgon
Är en slätstruken och så inkompetent lögn som vi
helt ska undvika att ens lägga oss i
Vi länsar vidare i ögonblicken från förr där lovart är
en sanning och lä är en lögn
Med alla de smarta insikter det nu skulle dra med sig
i vårt så stora ögonblick av frid
Men leder det oss vidare in i träsklandskapets uppoff-
ringar av ledsamheters urhem
Och för oss åter till det så snarlikt invasiva tankemön-
stret att vi slår bakut av vånda
Vi ser snabbt till att noggrant försluta förpackningen
till våra tankars egentliga viste
Med vad vi oavbrutet tar oss till för att slita oss loss
från slentrianens alltför tunga bojor
Medvetet eller inte, så deltar vi i vad vi tror är av
avgörande betydelse för oss i våra liv

När vi ska brista i de såriga kanterna av det vi tar på
oss att utföra i en slentrian av guds nåde
Och alla de små bitarna blir inte längre självklart till
en större samlad enhet i slutänden
I en slags brutal sönderdelning av livets ömkliga
katakombers virrvarr av nya möjligheter
Då det inte längre betyder samma sak för oss som för
de som iakttar vad vi håller på med
I slutändens enkla avslut bedömer vi andra individer
som om de frågar efter betygssättning
Och inte enbart samexisterat mentalt med oss längs
en södergående linje av asfaltexpressen
Då bevarade vi allt det där i en slags nyvunnen vörd-
nad för det som skulle komma att brisera
I den del av våra liv vi aldrig ens förutskickat att just
den skulle komma att betyda något
Kanske det till och med leder till något vi aldrig kan
förstå som lekmän i livets scenerier
Hur det än ska gå för oss i upptakten av de mentala
processer vi är omedvetna om i natten
Som om vi alls kunnat förstå något på förhand utan
att överträda alla paragrafer i manualen

Vi försökte sedan dela upp oss i de som visste och de som bara trodde att de visste

Då sådana insatser verkade helt utan verkan försvann all geist från våra själar i nattens fukt

Från all den insikt vi då trodde att vi lyckats förvärva var vi liksom befriade med en knyck

Lite ödesdigert kan man tycka, men man ska inte hindra den insikt som vill bryta sig fram

Medan allt det vi förr betraktade som enkelt blev en grå sörja av saker utan sammanhang

Hade vi nu förstört allt det vi genom årens lopp hade försökt bygga upp ur livets intighet

Lite av den forna glöden fanns trots allt kvar och lämpade sig nu väl för en slags comeback

Till det vi aldrig tidigare längtat efter att hålla oss undan våra egna misstankars slitna uttryck

En liten förvarning när vi menar att det är dags att ge upp alla försök att nå över myrmarkerna

Enbart för att vi försöker stå ut i den slitna nattens enahanda insatser av lojhetens fokus

Om nu allt detta är ett svar på de saker vi insett förslöar

oss och långsamt bryter ner oss

Kanske vi skulle omdirigera de insatser vi hittills så
lättvindigt låtit oss bli påverkade av

Som om det liv vi oavbrutet fokuserar på är det allra
viktigaste på jordens myrmarksyta

När vi enbart studerar de yttringar av något vi inte
längre kan påverka med viljans krafter

När allt det andra vi försöker hålla i centrum är en
annan del av samma värld

Förutskickat att det inte längre enerverar oss mycket
mer än något annat vi ännu relaterar till

Kommer vi att kunna se skymningens skira avslut
som en del av gryningsljusets make-up

På den sidan av verkligheten vi hukar under åskväd-
rets slagregn och ruskar om oss därjämte

Kan vi då bli de som kan bemästra allt det oövervin-
nerliga i vår omedelbara omgivning

För att nöta ner de växtbaserade tankarna på ett annat
sätt än tidigare varit allmänt känt

I den tidiga morgonens slitna dis som en alltför sen
påminnelse om en historisk epok

Som vi avgjort aldrig mer kommer att påverkas av i
den mening som vi lägger i detta

Den ludna dörren II: Formler

I den avlägsna delen av universum som inte svarar på tilltal längre

Som i de allra mörkaste parkerna vi har att hålla
undan i neonens blänk i regnvåt asfalt
På de fruktlösa intervallerna i bakkanten av allt vi
driver förbi i nattens skenande tåg
Än de snart hopplöst avverkade veckorna av slitsamt
motlut längs trottoarer av vanilj
Och det vi har att avlösa oss ifrån som den allra
värsta vännen från det förflutnas natt
Tills vi på nytt erfar en slags insyltad eufori, till
synes utan grund, i den gråa gryningen
I allt det gamla och galna är vi på nytt faststöpta i
antaganden vi aldrig har backning för
I de gamla tankarna vi så ivrigt försöker göra oss
av med i tankarnas ballader om natten
Och att det möjligen skulle kunna ha en slags
mening vi inte riktigt tycker oss förstå
Då ska vi till och med vara så storsinta att vi aldrig
ska veta mer än det antagandet lovar
Listan görs allt längre i den molande nattens ena-

handa grader av övergivenhetens mål

Då vi ska förvänta oss de don vi antagit skulle krävas

för att avgöra allt till vår fördel

Och i allt detta ska vi aldrig mer äga någon slags

säkerhet utan slitagets kvadratur

När vi fattar vad vi skulle använda basten till vid pa-

ketinslagningens sista upplopp

Som om det mest avlägsna är det mest tillslutna och

abstrakta i vår ödesdigra tillvaro

Och det ännu inte blivit vad vi kan kalla för en vår –

utan vi sliter med en vinterdag

För aldrig har vi varit mer fjärran från något slags

upplopp just i gryningens zenit

I alla de inverterade uppfattningar som vi omfamnar

med en slags forcerad glädje

Så fort vi kan lägga oss till med de allra enklaste

avfarterna i allt det så snabba

I de dåtida versionerna av vad som skulle ha kunnat

vara en avslutning på början

Så frånvaron är en annan form av vår närvaro i alla

de aspekter vi kan uppbringa

Medan allt startar om i början av rännstenarnas luftiga

lopp genom stadens myller

Det finns något extra att begripa
bortom den slitna horisontens rand

Är det alldeles för tidigt att börja spekulera i sin-
nets värdepapper med något allvar

Handlar det om det vi lever av eller vad vi lever för
i gårdagens unkna eftertänksamhet

I alla de enstaka seriehändelserna som briserar i
våra medvetanden om kvällarna

Och det följande vi ska fortsätta att ständigt kiva
med i en slags släpljusets virrvarr

I allt det snyftande levererar till vår egen förvåning
efter det slutgiltiga avgörandet

Som om de sektmöjligheter vi förnimmer är en
del av det vanliga slitets innehåll

Kanske för att vi tror oss förstå det mest slitna i
vårt universum som en extra påföljd

Att vi utan krusiduller kan anta att vad vi gör för
det mesta är ganska enkla saker

Utan att det kringskär våra möjligheter att förstå
livets mest intrikata innebörd

Som om vi håller oss hemma hela långa natten

utan att längta någon annanstans

Som om det enkla i att inte företa sig något kan up-
phöjas till en ny slags dygd

På det sätt som man menade i äldre tider då nattsmyget
var mer reglerat och sådant

Skulle vi aldrig riktigt kunna förstå om vi inte hade
historiens rygg att luta oss mot

Men, om det nu ska vara så petimeter-aktigt kan vi
väl säga att ingenting förändras

Vi står kvar och hackar på samma ruta som vi en gång
startade livets resa ifrån

Men, i vår allra som enklaste delar är vi fortfarande
emellanåt på väg någonstans

Och vi håller armslängds lucka till de som löper före
oss i den vilda betongterrängen

Som vi aldrig kommer kunna ta oss igenom utan
åtskillig hjälp från andras hjärnor

Tillbaka till det stadium där vi aldrig ens skulle behöva
fundera över då eller nu

Vi sitter på vår allra bästa sida i ljuset som om det
vore något helt av naturen givet

Och vi antyder avslutningsvis envetet att det just så
det förhåller sig i världen

Men nu, nu fattar vi allt det där enkla som om det vore helt självklara saker

Och allt vad vi ska ge upp att eftertrakta ska vara en del av det förflutnas skuggor

Som om det aldrig ska bli några eggar av det vi ska försöka oss på att tänka

Och allt ska sluta så varsamt i en göl utan botten någonstans vid världens ände

Som om den slutgiltiga förvaringen bidrar till våra tankars mer ymniga flöde

Med den dolda stubinen som ett nytt slags varningstecken för alla omkring oss

Eftersom våra utsagor tenderar att bli aningen omfattande och intrikata kartor

Över allt det vi tycker oss täcka under våra utläggningar om livets och dess innebörd

Och, med alla de nackdelar vi ska hålla oss undan är det rimligt att vi andas djupt

När vi slutligen har sett hur många av spåren ser ut när vi följer dem bakåt i tiden

Om vi så länge som möjligt aktar oss alltför noga för

att trampa i våra egna fotspår

I allt det vi så smygande företar oss i all den viktiga
aktivitet vi ständigt håller igång

Men på samma gång aktiverar vi allt det där gamla
som en slags hemlig kraft

För att vi ska kunna landa i en park utan att nödvän-
digtvis veta vad den heter

Som om det skulle göra oss snabbare på bytet långt
där borta i fjärrans utkanter

Och på det där charmigt informella sättet håller oss
undan lagens alla väktare

Var de nu kan tänkas hålla hus i dessa myrmarker av
asfaltpudding och betongmos

Som om de inte har allvarligare problem att försöka
undergräva i saktmodets början

Kanske till och med på den sida av verkligheten där
vi undviker att hålla till

Genom de geodetiska undersökningars rumlande
hantlangare är vi på väg igen

Varthän än färden nu får för sig att leda oss i snill-rika
krumbukter av fantasi

Lever vi för evigt i ett av de söndriga insikternas så
sorgligt förlorade tidevarv

När vi förstår att vi aldrig ska leta oss djupare in i verklighetens katakomber

Än den till synes så djuplodande undersökning vi en gång lyckades genomföra

Med uppräkningar av alla de viktigaste fynden vi under hand lyckades lokalisera

I det stora äventyr vi gett oss in på ett nytt slags allvar, mer sinistert än tidigare

På det sättet blev då vårt resultat över tid ett slags blandning av nytt och gammalt

Och det skulle kunna betyda allvaret i ljusscenerna vi frammanade ur det förflutna

Men, det var helt utanför allt det påtagligt enkla vi då försökte dela med oss av

Som om det handlade om vår egen betydelse och inte om resultatens tyngd

Eftersom vi då kanske understundom skulle kunna upplevas som oseriösa och plottriga

Med alla de erfarenheter vi försökte bygga in i vår så förenklade framställning

Att vi aldrig skulle kunna dela med oss av våra informationer i vardagslag

I alla våra egentolkande betydelseskiftningar på avarter
av vårt hävdelsebehov

Från alla de separata delarna av helheten som vi
försöker löda samman till ett helt

På den sidan av verkligheten vi aldrig ens har ett hum
om att den skulle finnas

På samma gång som vi undertecknade de dokument
vi visste var en slags skuggor

Av det förflutna vi ville exponera i alla våra delar och
dela med oss av i natten

För aldrig har vi någonsin betytt mer för vår egen
välfärd än i denna minut

Som om det inte räcker med att enbart sitta still i
skuggan av det egna livet

Som om tankarna i allmänhet skulle föra oss vidare
till nästa steg i backen

Vare sig det nu först och främst handlar om att ta sig
uppför eller nerför denna

Som det varma skeendets slitna uppdrag är den
ersättning vi så länge sökt

Saknaden av de frånvarande tankarnas substans är en slags förlust av identitet

Då vi skulle dela kunna in oss i olika lag efter vår uppnådda längd och ålder

Men att vi då aldrig ska veta vad vi håller på med i den trasiga källaren

Och vi undviker sorgfälligt att trasa sönder den ännu mer under försöken

Att leda oss in i ett abstrakt skikt av verklighetens enahanda utseenden

På det hedervärda sättet vi alltid har drivit oss själva till vansinnets brant

Och delat med oss av våra erfarenheters subtila inställningar till omvärlden

Som om det aldrig ska kunna bli annorlunda än hur vi betraktar verkligheten

Som om de utskällningar vi fått nu ska komma åter och överta vårt sinne

På det nya, infernaliskt lömska sätt vi alltid sett som en avart av melankoli

När vi ivrigt försöker ta oss till en annan, friare, punkt

på kartans sträva yta

Där vi ska landa i ett främmande sammanhang där
vi inget kan förstå

Som sedan leder oss in i speciellt svårartade omstän-
digheter av dimma

Och slutar i ett dike längs länsväg 66 en bit utanför
verklighetens insikt

Där vi ska dela med oss av alla de krumbukter vi sedan
är tillbaka fångats i

Men det är ingen fara, ingen ska veta det enkla faktum
som vi kan undvara

På alla de snarlika metoderna litar vi inte längre mer
än vad nödvändigt är

Som om tanen är en briserad känsla i allt det så op-
positionella i livet

De saknade figurerna ur det förflutna vankar av och
an i hjärnans skrymslen

Som en ofärdig kioskägare från 50-talets solsomrar
bakom syrenbuskarna

För det oss vidare i en smal rännil av obeslutsamhet
och introspektion

Som det skulle kunna bli värre senare, på något ab-
strakt sätt vi inte vet om

Vi seglar snarstuckna vidare i ett slags liv vi aldrig kommer att återuppleva

Medan begreppen vi använder blir allt trubbigare där
det en gång fanns en egg
När det som blivit sedvanor inte längre är så invant
utan skaver lite i hjärtat
Att vi fortsätter är ett slags nytt formuleringsalternativ
vi aldrig kan lära oss
Vi vet bara att det inte längre handlar enbart om oss
i motljuset och dess skugga
Som om det någonsin gjort skillnad under den tid vi
haft ögonen på problemet
Om det någonsin mer skulle bli så mycket allvarligare
än vad det är just nu
Och vi skulle kunna förstå på riktigt vad det är vi gett
oss in i denna gången
Allt det vi försökte glömma då är inte det mest all-
varliga vi har framför oss
Som om vi ens skulle kunna avgöra vad som är allvar
och vad som inte är det
Vi ger av ohejdade vanor oss in i saker vi inte borde

befatta oss med längre

I alla de ofantliga sjok av uppgifter vi så nödtorftigt
har gett oss själva i uppdrag

Och tvingar oss att ta till i den del av det principfasta
lärandet vi är en del av

För att alla vi kommer i kontakt med vet utmärkt väl
vad det egentligen handlar om

Från alla oss som inte vet vad det skulle kunna vara
om det vore annorlunda

Som om vi lever längs livsrännan för att smälta in i
allmogens sociala seder

När vi inte kan smälta in i andra sociala gruppe-ringar
av särskilt uppenbara skäl

När alla de historieförfalskningar vi träffar blir en del
av vårt snöpta vardagsliv

Om vi allt det så sinande verklighetsanknutna ska
ebba ut i ett moras av enformighet

På det där charmigt gamängartade sättet vi på sätt
och vis alltid varit svaga för

Som om vi skulle sakna all den kraft
som behövs för att orka fortsätta

Med det enda vi verkligen är intresserade av i livets
enkla fortsättningars envishet

Även den saknad vi ska sluta att minnas om vi inser
vidden av dess ödslighet

Skulle vi kunna komma igång med de mest slitna
klyschornas envisa andakter

På alla de förstasidor vi har figurerat på genom de
irrande årens porlande vårfloder

Genom att det vi så länge försökt med är en väg genom
det allra mest påtagliga

Och det som vi inte för en sekund skulle vilja undvara
för vår framtida gärning

I de mest slätrakade ohyggligheter vi kan hitta på för
oss själva i all välmening

Och det vi ska låta andra förstå sig på att vi håller på
med i alla avsikters mödrar

När vi gett oss in i allt det så snabbt förlåtna i alla de
delar vi ska veta mer om

På ett avsiktligt sätt, liksom, inte på det vanliga slentriankörda vi ska hålla ut med

Som om det inte räcker med att vi oavsiktligt hamnat
i en gynnsam position

Relativt de tidigare vi intagit som om det vore vår
absolut självklara rättighet

Men, då längtar vi tillbaka till de stilla myrarnas trolska
ljus i den ljusa natten

Som om det finns något där som vi inte kan nå, hur
mycket vi än försöker

Då kanske vi har gett upp igen, eller nästan varit på
väg att göra det, i alla fall

Och endast vår lyckliga stjärna håller oss tillbaka i
vår framfart längs stigarna

Medan ledan i våra liv stadigt påverkar oss på det
mest basala sättets uppriktighet

Ser vi till en annan aspekt av allt det vi ska låta oss
förstå vad vi håller på med

Och sorlet från fonden håller på att dränka oss i en
slags ångestens morän

Utan att vi för den skull blir särskilt oroliga för vår
eventuellt avtagande framtid

Vi ska fatta vad det gör med oss att vi aldrig riktigt förstår oss själva

Vi är för en gångs skull på väg in i ett trauma vi kanske
inte kan hämta oss från

Som om vi oavlåtligt enbart skulle hålla på och lyssna
till våra egna hjärtslag om natten

Vad det ska tjäna till eller handla om i förläng-ningen
av vår tid, som ska vara nu

Om det nu är bara den tidsangivelsen som vi saknar
i vår så avbokade omvärldsanalys

Än det mer allvarliga vi snart ska ge oss till tåls för
att veta alltmer än det vi saknar

Och det hindrar alla de där ljuden att förminska mitt
öra i stadens alltför lena motvind

Som att de förfördelade ska hinna tillbaka till utgångs-
spunkten innan natten faller

Vi tror uppriktigt att vi vet vad vi håller på med i
analysen av alla tankarnas slitna motlut

På andra sidan av den så stolta verklighetens ensidiga
variant av myntets frånsida

Som om det vi så övertygande meddelade oss själva

i tankens obotliga frånvaro

Och det vi skulle sakna redan innan nästa blåtonade
kvarters obotliga adresser

Var nu det skulle emanera ur i de där invanda insik-
ternas onödiga insiktslösheter

Nu var det kanske med en viss ömhet vi frånvarande
betraktade oss med ömheter

Och som om vi skulle leva redan i vår aningslöshets
tudelade approximationer

Att den ledning vi utsatte oss för skulle leda oss i ett
fördärv var klart från start

Med det gravallvar stundens andakt piskade in i oss
på ett respektfullt avstånd

Och vi kunde inget göra för att hantera oss själva i
det ständiga nuets kataklysmer

Som om det egentligen spelade någon roll för oss i
eftertankens djupa analyser

Vi skulle bara lite på oss en smula mer än vi hade
haft för vana att våga göra

Som om tidens alla röster talar sig hesa
i viljan att övertyga oss i sanningen

I allt det vi redan glömt när meddelandet till slut når
våra hjärnors trumskinn

Men, i alla insikter vi tycker oss ha förstått att vi gjort
till våra alldeles egna

För att de till synes ska handla om något mer insikts-
fullt än det avslitna livets insats

Så vi tar till oss det vi inte kan hålla oss undan från
och väntar på det lilla avslitna

Livet som vi ska försöka få oss själva att förstå hur
det nu hänger samman

Med det vi tidigare levde utan på ett slags naturligt
och chosefritt manér

Så det kan bli till en ny grad av obeslutsamhet om vi
inte ser upp i tid

Som om livet är en slags bakelse vi skulle kunna leva
oss in i konsumtionen av

På det respektfulla avstånd som vi leder oss både till
och från på samma gång

Det hade vi antagligen inte kunnat förstå utan hjälp

från allehanda experter

Vi frågar oss om det finns några tecken på att vi gett
upp kampen om ljuset

Men för till vår glädje erkänna att så inte är fallet –
snarare tvärtom på något vis

Som om det vi antagligen skulle ha undvikit från start
skulle återvända på nytt

När det finns argument för flera sidor ska vi hålla oss
undan från det alltför enkla

Och inte ödsla tid på att lösa de problem som inte
akut pekar på att de bör lösas

Då låter vi oss själva förstå vad vi snart ska kunna
åstadkomma med en smula hjälp

Som om det inte alltid fungerar att köra sitt race helt
och hållet på egen hand

Det livet låter oss veta är en svaret på en gåta vi aldrig
ens föreställt oss

När den skulle existera som mest intrikat fanns den
inte tillgänglig för oss

Visste vi med ens att det skulle leda åt ett helt annat
håll med oss om natten

Inte skulle vi vara det enda vi kunde ta till oss i den allmänna villervallan

Där vi alltid försöker jaga de mest frånvarande delarna av våra jagupplevelser

Som om de aldrig ska slita sig ifrån den del av oss som fastnar i tidens grepp

Som om en del kanske ändå slutgiltigt är det som avgör all vår framtida lycka

Och de alltför saknade inslagen om vad vi egentligen tycker i sådana fall av eufori

Med delarna av det vi aldrig kan förstå som något avgörande instabilt i livet

I alla de skeden vi slutar att förvåna oss över vår oavsiktliga insats i spurten

För att vi aldrig mer ska kunna veta vad det är vi egentligen avser med deltagandet

Så, vi tar reda på förutsättningarna och brinner av iver över denna aktivitet

I alla de skiftningar i humöret detta får som delresultat under övningarna

När vi inte förstår vidden av vad vi håller på att utföra

istället för mästerverken

I de vreda tider vi ska sluta oss till att vi har bråttom
att manifestera oss i

När vi slutgiltigt fascineras av det liv vi aldrig mer
ska återvända till

Och letar oss ut i kanterna av vår egen existens som
om den har begränsningar

Av en helt annat dignitet än de vi lärt oss att leva med
i vår fortsättning

På de tankar vi efter hand mer eller mindre tvingas
släppa taget om

Och resulterar i ett obehagligt brusande i öronen
under solens varma ljus

I alla de nyslitna inslagsnumren i vår livsrevys enormt
taffliga redigering

Av det så tydligt nödtorftiga material vi har samlat på
oss genom de flydda åren

Som om de handlar om att presentera det hela som
en slags kontinuitet

Utan någon reell insats för att vi säkert ska kunna
förstå vad vi gett oss in i

I alla de ensidigt utvalda tankar som ständigt återvän-
der för att bli ältade

Upp över de stadshorisonter vi så gärna försöker minnas att vi har betraktat

I allt det enkelt beskrivna ska vi hålla oss undan för
att veta mer om det sedan
Som om det finns ett slags respit i allt vi ger oss in i
för att lösa gåtan om
När vi klarade att delta i de insatser vi antog skulle
behövas i gryningens final
Som ett slutmål efter de tankar vi har att förstå på en
sliten uppförsbacke i natten
Om det vi ibland betydelseskiftade med våra insupna
intrycks grenslade baksidor
Som om de lämpar sig bättre för något annat än vad
de för tillfället används till
I ett allomfattande moln av disparata uppfattningar
som vi inser vara vår värld
Då vi sliter oss från vår egen skarpsinnighet och landar
i det moras vi skapat
Vi betyder mindre för oss själva än vi någonsin har
kunnat föreställa oss
Om allt det fragmenterade vi inbillar oss att det har

någon slags betydelse för oss i livet

Om det enkla ska kunna vara en del av livets mer
komplicerade avsiktslöshet

Och våra slutledningar fattas oss i märgens en-
erverande tomma löften

Men våra drömmar vandrar in i slutledningen av allt
det vi ska veta mer om

På det att vi i sista hand djupt känt ska veta att det
inte finns mycket mer att veta

Som om tankarna lever i motluten på allt det vi ska
få oss att förstå meningen med

Den allmänhet som omger oss på alla sidor i nattens
ogenomträngliga andlighet

Som om ljuset gör oss mer ytliga gentemot världen
omkring oss under dagen

Samma sak om vi undviker att leta oss in i världens
slutfasers finalpass

När de kärlekslösa nattljusen stirrar oss i vitögat i den
slutna nattens tredje akt

Som om allt vi då klarade av var att försöka värja oss
mot alla livets intryck

Den ludna dörren II: Formler

De sjuarmade avsatserna i kökets modellerade avfasningars enorma aptit

Kan bringa oss i en evig olycka vid första bästa tillfälle
vi skulle kunna undvika

Men, helst av allt ville vi nog undvika våra egna in-
billningars kraftfulla uppsåt

Som om det aldrig skulle kunna driva oss vidare i
nattens transporter av mörker

Så enkla att vi aldrig riktigt förstått deras fula attityder
av slentrianens makt

När frosten i ett av sin mest subtila uttryck nafsar oss
i hasorna en rostig natt

Från de ting vi helst av allt har föresatt oss att undvika
alla kontakt med på dagen

Som om det vi så noga kalkylerat är en del av det vi
vi egentligen längtar efter

Skulle vi ge oss av i en motsträvig gryning och sortera
oss efter storlek i bilen

Eller handlade allt egentligen om att vi aldrig ville
lämna detta så osunda ställe

Hur det nu än gick med alla de där föresatserna landade vi på sätt och vis i motsatsen

I det slutna rummet vi försökte öppna och delta i på
ett nytt slags allvarligt manér

Att vi under det vi vara sysselsatta med detta skulle
komma längre i våra livslopp

Var väl en befängd och långsökt uppfattning vi genast
måste kväsa i sin linda

Och allvaret bröt in över oss med tyngd alldeles runt
hörnet på den grå lilla stugan

Så allt vi slitit med att försöka göra klart medförde
en slags illvilja mot morgonen

Dessa tankar är råmaterialet till den tes vi ska skapa
om gryningens illvilja

Och allt det som finns omkring den blir till ett slags
odaterat minne av skam

Givet att vi på den del av kartan som vi tror att vi kan
tyda lägger oss till vila

Med en slags instabil graffning av hela den urbana
miljö vi slutligen skapats av

Så vi undrar vad omdömet kommer att landa på över
vårt oavbrutna grubbel

Utan att detta egentligen ställer till tillräckligt med
oreda i våra instabila liv

Kanske sker det när drifterna vandrar oroliga genom ett så öde landskap

Att det inte ens går att höra det minimala sorlet från grannbäckens strida flöden

I alla de bortslösade sekunderna under framfartens slösande extravaganser

Vi skränar som i en fotbollsfinal i den tomma nattens enahanda ljussättning

Då ska illviljan dra som kalla kårar längs våra svettiga ryggars nattliga kurvatur

För att vi prisar oss själva för att vi aldrig gett upp kampen om att vakna till

I en sliten vardags alla så enkla komplikationers fortsättningar i nattens flöde

För att vi häller ut livskraften med det unkna badvatten vi efteråt förkastar

Som om det inte kan förlika sig med motorvägens poängterande av riktningar

Och alla de små resultat som ackumulerade blir till något större än någonsin tidigare

Detta länkas naturligtvis till allt det omkring oss vi

aldrig kommer att förstå

Eller till och med vilken avgörande betydelse det kommer att få i våra liv till slut

Snart nog kommer alla dimmor att skingras och det återstående är en liten del

Av allt det vi så länge undvikit att låta oss förstå under ett slags allvar i nuet

För att vi så länge levt med alla de där så slentrianiella avsikterna dolda inombords

Så enkla att uppleva, men ack så svåra att ens rudimentärt försöka sig på att beskriva

Detta är vår andliga välfärds oavsiktliga inspirationer och de delar vi sparar

Som om allt inte skulle vara en del av det vi helst av allt vill att vi skulle uppleva

Och det vi försökt oss på att se till att det ska stämma med våra övertygelser

Vi ska hålla oss på den rätta vägen eller den väg vi anser vara den minst felaktiga

I den riktning vi har att förstå som en del av allt det vi redan har gett upp

När vi sakta kvävs i allt det inblandade i våra ömsesidiga livslekars utveckling

Ur denna slitna natt framträder ett slags ovederhäftigt lismande troll

Som vi måste ge upp för att vi ska leta oss vidare i
nattens så enerverande efterdyningar
Kanske vi till och med låter oss betraktas en smula
genom ett kaleidoskop
När vi hela tiden undviker att sättas i det fokus vi
sedan länge borde ha accepterat
Och vi aldrig rättat in oss i ledet på allvar utan slitit
i kön och i utmarkernas dis
Vet vi allt detta genom att vara så länge på villovägar
kring det "rätta" spåret
På en av de villovägar vi aldrig kunnat erkänna som
en del av livets summeringar
När vi ska förstå oss själva bättre i en slags motlutens
eufori på livets avigsida
Övergivna i den slitna insatsens enerverande upp-
fattningar om vad som är och inte
I det vi riktat in oss på i slutet av allvarets mest intri-
kata uppfattningar av olikhet
Så mäktiga av allt det undanflyttade i våra som mest

allvarliga minnesstunder

Som vi behåller för att undvika att återvända i de spår

vi redan följt så länge

Kanske med en viss avdrift kalkylerad för det misan-

tropiska leendet i livet

För att det nu skulle kunna ge oss bevis för att det

finns ett slags kalkylerande

Ända in i livskaklets enormt utanförskapande insatser

under så långliga tider

Att vi inte ens kan föreställa oss begynnelsen av våra

andäktiga insatsers summor

På ett slags allvar utan total uppriktighet och slokörade

känslostormar i natten

I allt det övriga vi oavbrutet försökt att undvika under

livsloppens olika heat

Från allt det säkra till det som är så uppluckrat av

osäkerhet att det brister av gråt

För att sedan raskt anhålla om tillstånd att enervera

oss ännu mer i fortsättningen

I ett slags missuppfattningens enerverande blues i

en oavbrutens natts uppriktighet

Mede alla de intakta delar av personligheten som en

mössa halvt på svaj i gryningen

Orden briserar som om de gamla cyklarna vansläktats å det grövsta

Men ger sig av i en slätkammad gryning utan fler tydliga mål i sikte än andra resenärer

Som vi aldrig tidigare ens skymtat när de åter klagade på sin platsnumrering under resan

När de anlände för att bevista ännu en planerad visning av ovanligt poetiska produkter

Som om motgångarna lever i alla de valörer av ljus som kan konstateras i efterhand

Genom de öppningar för ljuset som exponerades helt skamlöst i nattens envisa mörker

Så, det är vad vi känner till om hela den där historiska periodens förfall och nedgång

Som antingen kan fortsätta på det där viset eller implodera som en nattlig gäspning

Långt förbi de marginaler vi från staten räknade med skulle vara fullt tillräckliga när vi plågade oss ute på den heta slätten i Death Valley utan några planerade raster

Läget som löper genom alla facetter av tillvarons mer

eller mindre negativa hjulspår

Samtidigt som livet ständigt pågår i våra slutna rum
och deras vanartiga avläggare

Så snabbt att somrarna förkolnade lite i vingspetsarna
under flykten från vintern

När vi gav allt vi hade sårat av anteckningar till pap-
persinsamlingens löften om hjälp

Till människor med diabetes och svårigheter att sanera
sina tankar från tomma löften

Vi var förvarnade, inte tu tal om det, men det sprack
ändå i sömmarna när vi dansade

Och allt vad vi lärt oss var som bortfluget i den kyliga
vårens blöta skogsbryn

Utan att vi ens hade kunnat föreställa oss att det skulle
handla om oss själva just nu

Hur det skulle leda oss in i tankar vi aldrig ens lyckats
förstå på ett slags allvar

Utan att det enda vi vet är en del av det vi aldrig kun-
nat ta till oss i förmakets aula

Med våra ätter från fornstora dagar som en sköld av
historia gentemot vår samtid

Då satt vi så bestämda vid våra sammanträdesbord
och längtade inte längre bort

Utan fogade oss i slentrianens litanior om planering

Vandrarens sista steg när gryningen bryter samma i våldsam gråt

Som egentligen inte vill vara med längre än hit, men
tvingas av sina löftens innebörd

På ett kallt och ogästvänligt manér att försöka förstå
sin omvärld en liten smula mer

Om minst en av de inblandade är så säker på sin sak
att ingenting kan lämnas bort

Och vi tränger oss in i den avsmalnade verklighetens
stövelskaft av prisade löften

Som om det allra värsta som skulle kunna inträffa är
en utvidgad betydelse av livet

Och längst upp i masten befinner sig de som inte
längre vill följa på samma nivå

De letar sig bort från gemenskapens fördämning och
in i ett sagoslott av mardrömmar

Vi fattade ingenting till en början, men slöt oss till
vissa insikter efterhand

Som om det handlade om något helt banalt i vardag-
slivets invecklade turer

Och vi, genom att delta i det där, skulle kunna växa

som människoplantor har för vana

Ur det kommer snarlika slutledningar utan en enda

insikt om vardagslivets avsikter

Kanske senare, eller utan tidsangivelse, fanns vi åter

i korridorernas räfflade lopp

Som en insikt skapad av tvång och söndertrasade

buteljer av hemgjort megaglas

Vi fattades på sätt och vis oss själva i alla de lekar som

vi ville vara en del av

Fast vi mycket väl förstod att det inte var praktiskt

genomförbart ens som lekar

Aldrig mer skulle vi njuta av den skrovliga asfaltens

knaster under våra lädersulor

Inget mer uppvaknande för vidöppet fönster med

Heleneborgsgatans sommarhumör

Kanske slutbetraktat som resultat av en flyende termin

av obetalda räntors svansar

I en rödfärg som bryter mot svart i de stapplande

stegens skuggsmittade rörelser

I alla dessa gränder har vi tillbringat på tok för många

långa månader av våra liv

Och vet inte helt säkert vad det skulle kunna innebära

för oss att inte ha gjort det

Med alla de begrepp verkligheten plägar beskrivas med hjälp av

I detta nu som ett slags trovärdigt försök att producera
en egen version av sanning

Och när en sliten bandyspelare visar sig i vår gränd
är det dags att leta nytt husrum

I skogsbrynets enväldiga avsikter för den stilla myrens
oavsiktliga syftningsfel

När vi långsamt driver mot en total upplösning av
våra unika psykiska konstruktioner

Som om uppvaktningen skulle betyda mera nu än
det någonsin gjort hittills i världen

Om de ska berätta nya sagor i dunket från skenskar-
varna i sömngrusiga gryningar

Och de inte är de enda som vet vad livet slutgiltigt
skulle kunna handla om istället

Eftersom samma mängd av livet kan inte doseras på
nytt, utan evighetsklausulen

När vi så stilrent som möjligt letar oss genom snår-
skogen av skyltfönstrens innehåll

Som om våra åldrar inte korrelerar i vindens häftiga

kantringar om eftermiddagen

Som om vi aldrig skulle kunna återvända in i oss
själva med vett och vilje

Och det i så fall skulle innebära en smärre sensation
om vi skulle lyckas överleva

När vi stod så mycket längre fram i båten än vi från
början hade avsett att göra

Skallade vi oss själva med alltför fräscha uppfattningar
om vad vi var i färd med

När alla de utomkroppsliga instruktionerna fallerar
av ett slags omogenhetens leda

Som om alla de där manifestationerna brister i hög
grad när det kommer till fantasi och vi, halvvägs,
drömmer vidare i den blåtonade nattens enahanda
uppfattningar

Som om allt vi låter återstå av framfarten är en del
av det mest avsigkomna livet

Eftersom vi sedan vi återvände är på väg att inte
återvända i en ny runda av tvivel

Där tankarna är de fästen för våra fotsulor som vi
egentligen inte riktigt förstått oss på

Och allt sliter ner oss till i nivå med jordytans så
kaxiga attacker av själens entropi

Hur anmärkningsvärt det än förefaller

Passar vi inte oss själva kan det ta en ände med den största förskräckelse

Redan i de initiala moment vi ständigt försöker undvika att tampas på allvar med

Som om hela botten gått ur den lokala läskedrycksfabrikens allra största jäskar

Eller föreställt sig framträda som en av sina egna mer än lovligt skrattretande motsatser

Då leder vi oss själva i gemenskapens koppel och slutar tänka på egen hand

Som om vi hellre vill tillhöra flocken än förstå vad världen egentligen handlar om

När den lilla hunden kommer smygande som en nyskriven roman på friarstråt

I alla de där väldigt slitna fraserna vi ska komma att veta mer om senare i våra liv

När vår närvaro i det ständiga spelet kanske inte längre är lika accepterad

Utan vi landar i vad vi kan beskriva som en sliten variant av våra egna förutsättningar och de ödesdigra överjagen kommer att jaga oss i hemliga tunnlar av gårdagar

Där kostymklädda män mässar om *return on investment*

i rytmiska kaskader

Och skeppsbyggaren sitter stilla med en av sina träklubbor vippande i handen

Som om han konkluderar någon slags avsikt i sitt arbetes oavsiktliga misstag

Inte för att vi motarbetar honom, snarare tvärtom, men misstankarna gror snabbt och vi kan inte längre prestera några lismande leenden i all den kyliga motvinden

Så vi tar med oss vårt tankegods på denna seglats och lider oss in i destinationen

För att konsterna vi oavlåtligt tenderar att återkomma till vår egen startpunkt då det framkommer att vi aldrig ens varit mantalsskrivna i verklighetens stora bok

Utan snarare hankat oss fram med tillfälligheter som enda krycka i tillvaron

Eftersom allt vi oavlåtligt stöter samman med är en avart av vår egen existens

Det verkar vara något helt annat på gång än vad vi först trodde var aktuellt utan att vi ens behöver höja blicken för att notera alla de nya skillnaderna i dagen

Och hettan börjar onekligen besvära våra fötter

Den ludna dörren II: Formler

Upprinnelsen är alltid den mest sårbara perioden i tankens födelse

Då är vi alltför ofta på resa mellan inne och ute och
försvinner i olika komplikationer
Av det vi egentligen inte kunde begripa var så mycket
bättre än vad vi tänker nu
Och alla de slitna atterdagar vi slutgiltigt ville försäkra
oss om i fortsättningens lopp
När det vi renrakade oss helt för enbart var en så liten
del av vårt smärtande kosmos
Att vi bestörta upplevde stora svårigheter att ens få
det att fungera, till nöds haltande
För den som talar i motvind hör inte ens sina egna
ord, än mindre dess implikationer
Som om vi skulle tala med glödande inspiration om
något vi inte hade riktigt kläm på
Och det skulle innebära ytterligare påfrestningar i
våra numera så fördärvade nervbanor
Att vi inte ens hade kraft nog att förstå den allra
minsta smula av innehållets struktur
I en saknad bok utan pärmar och innehållet slukat

av våra hjärnors glupska käftar

I ett motljus som skar likt en skärbrännare genom all
den eld vi kunde få oss att uppbringa

Vårdslösheten i allt det världsliga försvann som en
snorig tankevalp i nattens dunkel

Utan den minsta tanke på vare sig återväxt eller ränta
på räntornas egen Rolls Royce

Som ett slags motkraft i alla snikna hundkäftar av
förment intellektuella pretentioner

När vi känner igen våra graningekängor från ett annat
sekels påtvingade livslekar

Jag känner igen gång på gång och det tjänar ingenting
till för avslutningens oden

Så vi är än mer förbryllade över vad vi har undvikit
att förtälja våra släktingar om

Som om, som om vi aldrig ska inse slutresultatet av
de snikna insikternas målgångar

På det enormt otillfredsställande manér vi aldrig känt
igen oss i längs kanalernas upptåg

Som om vi inte ens kan fatta det allra minsta korn av
sanningens uppenbara skevheter

Att slutsignalen inte kommer att kunna höras över
myrmarkernas svampiga tillhåll

Som om vi nu bifaller våra egna insikters slutgiltiga avsikter på så långt håll

Ska kunna föra oss vidare i den vilsna nattens enorma
ljuskäglor av svärtans odörer

Och en dag återuppstå som en slags vedervärdiga
insikter i nedanförhetens avsikter

På det allvar vi aldrig ska kunna hysa minsta tvivel
om den upprörda känslans moder

Som om vi aldrig ska kunna ta oss vidare, eller ens
återvända, i våra djupa fotspår

Eller om alla delar av vår färd inte riktigt skaver som
den borde göra i gryningen

Utan lever som om de hade egna liv utan koppling
till våra visa tankars upptåg

På det sätt vi aldrig ska kunna erkänna att de riktigt
hör hemma i våra invanda trakter

Utan att vi ens kastar en förstulen blick över axeln
och brister ut i hånfullt skratt

Som om det nu skulle kunna lösa några av de gamla
knutar vi river oss i skallen över

Och letar vidare i botten på shoppingbagen utan att
egentligen förstå vad vi söker

Utan att det verkar det minsta konstigt utan mer som
ett pittoreskt inslag i gatubilden

Och från sidan förefaller allt vara i sin ordning och
utan oroande avvikelser från kartan

Som om vi inte ska våndas över att det skaver lite här
och där under våra färder

Och inte mer än att det på sätt och vis kan tyckas nor-
malt i alla gamla gränder av de vanliga insatserna blir
vi vanemässigt så trötta att vi inte längre kan styra oss

Utan hamnar i en slags ledans apatiska eufori och
snubblar vidare i rabatterna

Kanske till och med med yviga gester låter klargöra
att livet ändå är en slags fest

I det nu vi alltid värderat så pass högt som en del av
livet att det inte går att punktera

I allt vi håller för sant och riktigt, kanske till och med
som några ledord för oss på färden

Kanske allt inte riktigt håller måttet på det sätt vi
anförtrott oss att det skulle göra och de pneumatiska
åsikterna briserar åter i vårt halvt pulserande med-
vetandes mitt

Så landar vi de pjäser vi skulle ha läst före gryningens återinträde

Som vi var i största behov av eftersom vi var i stor
nöd med avseende på livets pynt

Vi våndades över det faktum att gryningen enbart var
ett slags obestämbart gytter

Av slitna ord och fraser från en tid så svunnen att den
kunnat vara dinosauriernas

Men vi fattar slutgiltigt att detta inte är en chimär av
tårar, utan mer vår egen önskan

Om att ta till oss omgivningen med största famnen
och presentera oss för varandra

Som ett led i vårt arbete med att flytta gränserna för
våra jag till en annorlunda nivå

Av de slutgiltiga insatser vi har all anledning att försöka
göra som ett allvarligt försök

Men, samtidigt, i alla de försök vi genom åren gjort
är detta kanske det allra bästa

Utan att vi på något sätt försöker få oss själva att
framträda i mer positiv dager än vad vi redan lyckats
med genom att vara så outgrundligt närvarande i liv-

ets lekar när vi aldrig riktigt vet vad det skulle kunna
innebära att vara på ett helt annat sätt

Som kanske skulle betyda att vi fick tänka om vad
gäller våra egna aspirationer

Som skulle kunna betyda mer än vi någonsin har
kunnat föreställa oss att de innebär

Den stora osäkerheten väller in från vänster på den
enorma livsscenens tiljor av ångest som om det inte
finns någon riktig väg som leder ut ur detta annat än
den vi kom längs

Eller är det delarna av det fordomdags hela livet som
vi ska försöka oss på i detta läge

Men möjligen, jag konstaterar möjligen, är det en
slags brutalvariant av fia med knuff

Utan att vi hade den blekaste aning om att det fanns
andra regler att spela spelet efter

Så, vi blir lämnade där, i någon form av euforisk
nedstämdhet i nattens egen oskärpa

Likt hundar som ylar i en natt av glasartade fixe-
ringsbilder från efterkrigstidens hemland

Sedan är det enbart saknaden som sakta lägger sig
över alla sammanträdesrum och vilar

I en pytteliten upprymdhet av leda som leder oss in
i avståndens så patafysiska otroheter

På den tiden levde vi med en högre grad av exakthet i lönnliga salar av lögn

När vi samlade alla de livets sekunder som vi blinkat bort i farten av vardagens slit

Vi kanske inte ens undrade hur det skulle kunna komma sig av våra enkla anor

Och det vore en del av allt vad vi slutligen skulle kunna önska oss i gengäldens ursprung

Aldrig mer skulle vi förlåta oss själva för de enfaldiga kommentarerna om livet

Inte ens om de andra försökte tvinga oss till denna typ av stundens slutliga eftergifter

Men, att vi överhuvudtaget kunde hålla oss för skratt är enbart det en god prestation

Som leder oss som ett spårljus i natten genom alla slitna kommentarer om livet

För att vi ska lära oss att förstå det svåra med vad som händer den tid vi blinkar

När vi genomgår serier av ögonblickliga metamorfoser längs livsloppets vattenhål

När vi inte ens förstår hur de där blixtrande svarta

vattenhålen kan dyka upp i vår väg

På det avstånd vi vanligtvis befinner oss ifrån dem

enligt de kartor vi har tillgång till

De andra är det så komplicerat att ta del av under

våra vardagars enahanda lunkande

Från det membran vi slutgiltigt bestämde oss för att

använda i kneget med motljuset

I den oavsiktligt skimrande skymningens så splitternya joggingskor var vi så redo att försöka tillhöra

en annan grupp än den vi redan vant oss vid att hänga

med i natten

Som vi egentligen aldrig gett upp om att till slut kunna

lära oss att tolka riktigt bra

Ur den position vi blivit tilldelade, inte valt själva

under marschen mot myrmarkerna

Som om slaget om våra sinnen inte längre handlar

om makt, utan mer om ett lotteri

Som sedan länge oavbrutet pågår som någon slags

sällskapslek i nattens yra utan att omfatta alla delar

av den existens vi brukar kalla för vår alldeles egna

Utan saknad i natten och slutgiltigt noterade resultat

av den oavbrutna tvekampens ronder

Då frågar vi, emellanåt, vad det skulle kunna ta vägen

med våra insatser i livet

Vi saknar allt det så slitna i vår tillvaro som vi besegrat genom åren

Utom motljuset som vi aldrig lär tröttna på att föra
med oss som en typ av ledsagare
I det mörker vi aldrig någonsin ska tröttna på att käfta
emot i regnets stilla avledare
När vi ska försöka oss på att stilla lida i hela den natt
vi kan tvinga oss att uppbringa
Och den för oss vidare i det kanalsystem av känslor
vi har lyckats bygga åt oss
Genom att aldrig vara konsekventa och hålla oss till
ett snarlikt ämnesval i tiden
Med alla våra åsikter tryggt registrerade av behöriga
myndigheter och deras vasaller
Så att vi vet vad det ytterst ska tvinga oss att tycka om
vad som händer omkring oss
För de svikande krafternas ebbande tankestrulerier
och tvehågsenhetens likmaskar
De dagar då molnen stryker särskilt lågt över våra
rynkiga pannors enskilda veck
Som om inget av detta egentligen skulle ha betydelse

utanför den avsedda spelplanen

Och vi tar slut som en bensintank i en uppförsbacke,
men den fungerar i utförslöpan

Som om behovstillfredställelsen vore ett uppdrag
utan slutstationers perronger

Där vi, försenade som alltid, letar oss fram till rätt
tankespår med avigan utåt

Med en tärande och förfärande insikt om att livet är
en allvarlig typ av företeelse

Som vi gör bäst i att ta på det allra största allvar vi är
förmögna att uppbringa

Som om, som om det vore ett av våra mest slitstarka
beslut i alla tiders gryningar

Utan hjälp från de resursstarkas djupa penningpungar
och slutstationens enfald

Så, vi förutsätter att det envig vi inlett med vårt med-
vetande är det enda som räknas

Om vi ska erhålla fullständiga poäng för våra inter-
mittenta insatsers rätta värde

Som om vår ihärdiga insats vore ett resultat av någon
som helst fri tankemöda

Men snarare handlar om att genbanken aldrig ljuger
oss fulla över tid och gränser

Som om vad vi har fått för oss att kalla oss är det viktigaste på himlen

Det kanske förenklar, eller till och med komplicerar
våra försök till insikter en aning
Då vi intensivt upptagna försöker koncentrera oss på
den ovissa framtid vi anser att vi äger
På det där aningslösa, lite valpaktiga sättet, som kan
vara så utomordentligt charmigt
När det upptäcks i någon annan och inte sådär råbarkat
oförblommerat strålar ut från oss själva
Som om vi redan tidigare gett upp försöken att as-
similera oss i majoritetsbefolkningen
Som om gruppen ska vara för alltid och inte för ett
speciellt tillfälle i historien
Så, vi håller med om det mesta i världen, på samma
gång som vi mest håller oss undan
För om vi lägger om kursen handlar det så tydligt om
en avsikt att förleda omgivningen
Genom att leda dess stapplande steg vidare i den
slitna uppfattningens riktningar
Vad vi nu än gör för att koppla vår egen charm till

detta uttryck för det slitage av själen

Som så tydligt framgår när vi leder oss in i myrmark-
ernas moras av kontrasterande liv

När den sparsmakade vanföreställningens uppenbara
kostnad leder bort från kärnfloden

Av de invanda vanföreställningars outsinliga ådra av
imaginära uppdrag i folkvimlet

I alla de skiften av vardagslivets åtaganden vi skulle
kunna hålla oss för goda att anta

Dessa reaktioner på det allvar vi hittills gjort oss mest
kända för att agera med

Så att vi framstår som de enda som egentligen kan
leda oss själva framåt i kunskapens natt

När vi aldrig tar oss vidare efter att ha passerat GÅ!
i stadens avbroade verkligheter

Men ger vi upp, skulle kunna vara en viktig fråga att
ställa i sammanhangets sold

Det där gamla och hemtrevligt invanda vi alltid
försöker undvika att hålla oss till

Med avstamp i allt det där oundvikliga livet vi ska
kunna känna igen oss i numera

Att vi aldrig skulle kunna komma med förslag som
pekade i en alternativ riktning

Klarade vi tillräckligt mycket av vardagsslitet för att minimera vår oskuld

Under alla de uppenbara konflikter den skulle kunna leda till längs vår slitstarka bana

Som om allt vi undvikit är vad vi borde ha tagit till oss under loppets gilla gång

Och utfyllnadens gälla gång i det universum vi ännu inte lärt oss att helt känna igen

På det att vi slutgiltigt skaver sandalerna av våra ömmande fötters fjättrar i kvällen

Med de söndertrasade glödlampornas slitstyrka vi vanmäktigt har sparat i så många långa år

Och vi inte längre hade möjlighet att belägga de uppgifter vi menade var sanna

För att vi för en gångs skull hade utlyst en grundlig insamling av våra spridda dikter

Så att allt det vi tidigare hade förstått som viktigt i våra efterforskningar av livets brunn

Inte längre drog till sig några nya insikter, utan snarare ältade den gamla tankegröten

I nya varianter av identifierbara åsikter vi aldrig skulle

kunna omfattas på en ny tur

Så, vi kommer staden närmare i det kaos av tankar
den genererar i våra slitna hjärnor

Som om tankarna enbart är en produkt av den om-
givning vi råkar befinna oss i

I alla de livets vändningar som blir en karikatyr av
levnadsloppets enstaka insatser

Handlar alltför mycket om vilka utgångspunkter
omvärldens verklighet angrips utifrån

Som om andelen med bristande koncentrationsför-
måga är den del av livets ström där vi kan identifiera

det mest avvikande som "en smula" normalt i alla fall

Under de mer eller indre aldrig skimrande livsvillko-
rens totalt apatiska avsikter

Som om de inte delas av tillräckligt många individer
för att det ska vara en sanning

När vi är på väg på alla de sliriga bakgator enbart
nattliga vandringar kan ge kunskap om

Kanske vi till och med är på väg in i vår egen motsats
på det allvarsamma sättet

När motgångarna blir vår enda sanna drivkraft – nu
ska ni ska få se på fan, era djävlar

Och vi spärrar upp ögonen i spelad förfäran, som om
det skulle spela någon roll

Om vi visste den exakta tidpunkten när vi insåg att livet fallerar

Skulle vi aldrig ens försöka oss på att delta i gissningslekar om livet och dess brister

Detta förutsatt att vi håller oss undan alla de mest allvarliga incidenterna i vardagen

Och förstår vad vi egentligen uppriktigt borde ha inriktat oss på att bli allt bättre på

Kanske inte utan att låta oss förtvina i det aldrig sinande mörkrets våta omfamningar

I alla de händelser endast vi skulle kunna göra oss förstådda med i allt vi gör

Från att förstå det så uppenbara till att veta det mest fördolda bortom sanningarna

När det mest hemliga vi antar att vi ska syssla med är det mest uppenbara av allt

I alla de försmådda åsikter vi har förfördelat och spridit ut genom tidens flödande lopp

Vet vi på allvar en starkare insikt än vi någon kunnat åstadkomma i landets periferi

När stilleståndet i våra hjärtan accelererad i allt det

vi framstår som de elakaste väsen

Som om det vi ska utplåna oss i alla vidare syften vi
ska inse vidden av

Med rakbladsvassa insikter om det mest avlägsna i
våra åtagandens betydelser

Som om allt ska delas med alla samtidigt och oavlåtligt
i evinnerliga tider framåt

När alla svar inte längre är värda vad de en gång skulle
ha för betydelse i natten

Skulle vi i detta skeendes oavsiktliga konsekvenser
dela med oss av allt det svunna

Som om delarna av det hela är en svårare konstruk-
tion än det vi en gång ville veta och ur den ostörda
viloplatsens inneboende andakter av slutversionerna

Saknaden vi låter oss vidlåtas i det snabba ögonblick
av briserande tidsrymders lycka

Kanske det mest slitsamma övergreppet vi har anled-
ningar att låta transformera

Där saknaden vi inte längre kan föreställa oss erkän-
ner den del vi har i det olyckliga

Bastudelen av den stillsamma version om våra obeslut-
samma orättfärdigheters brigader

Så att beskrivningen av vad som egentligen har inträf-
fat kan ledas vidare i natten

Där inga stenar ligger oberörda i alla de slutna rum vi ständigt forcerar

I nattens dolskhet vilar det välbekanta så skrämmande
främmande i närhetens moras
Då, och endast då, skulle vi kunna leva kvar i våra
slutna förhoppningars välmåga
Som om det mest makabra i alla våra incidenthan-
teringar ska leda in oss på den rätta vägen
Från alla de ting vi aldrig tidigare har brytt oss om
att hysa några ömmare känslor för
I alla de tvärdrag vi utstått för att vi hyst hopp om
bättre tider någon gång framöver
Men när vi stående till låren i krackelerande samhälls-
instanser velade mer än någonsin
Och vad vi slutligen fanns oss inblandade i var de
minst sagt otippade aktiviteter
Vi någonsin hade kunnat föreställa oss att vi skulle
delta i någon gång i framtiden
Efter de förtroliga samtalen bakom ryggen på oss
själva litade vi inte längre på någon
Som vi hade träffat under livsloppet, utan endast på

främlingar utan goda uppsåt

I landet bortom landet ingenstans vill vi dra något
gammalt över oss i tidens soteldar

Som om det skulle kunna driva oss hårdare på den
väg som vi bedömde ledde framåt

Även om riktningar och väderstreck inte längre till-
hörde våra vassaste färdigheter

Som om slutet på väderstrecken inte ens hade någon
riktig avgränsning mot annat

De kanske aldrig haft det utan byggde helt och hållet
på en matematisk konstruktion

I den leda tid vi aldrig mer ville tillhöra av uppriktigt
isolerande skäl och tunga orsaker

Då vi i allt vi företog oss landade på ett slitet plan av
utförslut och andra otäckheter

Som om det vi ville avsluta våra färder med var den
isolerande känslan av total apati

Kanske vi inte ens ville försöka försona oss med alla
våra disparata infall och nycker

Utan den exakthet som vi alltid menat att vi var de
främsta förespråkarna för i denna tid

Och med tanke på allt det vi tyckte oss ha åstadkom-
mit var det enklare att bara ge upp

Om vi i de gnistrande morgonstunderna med ens skulle veta allt

Borde det också ta oss en sträcka långt ut i periferin
av livets ostadiga avsikters omloppsbana
På kanten av de slitstarka avsatserna vi håller för goda
för att använda i mellanakten
Och inte kan veta vad alla andra redan har någon
slags koll på i översikterna av livet
Så de schemalagda uppfattningarna ska ge oss mer
betydelse än slutlig finish
Och samtidigt ska vi lära oss det enda vi har kvar att
insupa – tanken är elektrokemisk
Som om det nu skulle kunna överraska oss på något
sätt i den tillslutna nattens grepp
Och vi har allt det vi redan saknade när vi började
kolla vad som fanns på plats
Vi lyssnar till våra namn som ropas upp i omvänd
bokstavsordning i slutet av avenyn
Där de som inte ännu känner till den alfabetiska
ordningen snubblar på trottoarkanten
I ett så lamt försök att försöka hålla masken att alla

lodarna i parken ler måttligt förstulet

Där vi aldrig ens skulle frambringa en antydan till
slutgiltiga bedömningar av livet

Som om det ännu inte vore ett av de smärre proble-
men vi ska försöka hantera längs vägen

När de olika förhållningssätten eskalerar å det grövsta
och samlar oss kring brunnarna

Som leder hit från något slags allvetande universums
lealösa insikter och bedömningar

Men, vilka är vi att auktoritativt dra linjen längs den
gräns som är helt och håller imaginär

När bråddjupet av vår okunnighet är det enda som
står i stolt neon på väggarnas puts

Och låter oss försmäkta i allehanda skuggor och hit-
tills osedda insikters slappa varianter

Kanske allt är ingenting, som om det negerar sig självt
i slappa försök att greppa världen

Där de korthuggna replikernas okrönte mästare står
och muttrar i ett isolerat hörn

Och ingenting av allt det vi tänkt och sagt får någon
inverkan på våra liv i skuggorna

Som om vi är lämnade för oss själva som några bort-
glömda hittade hittebarn i natten

Den ludna dörren II: Formler

De tankar vi förmodligen uttrycker är ett slags lånegods från omgivningen

När alla de möjliga situationer vi kan undvika att ta
till brister i hygien och tillit

Vi kunde förstå detta minimala insatsområde som en
del av våra känslors empati men väljer att hålla allt
på avstånd och slita hund i spöregnets skimrande
ljusförhållanden

Som om det vi hittills undvikit är det vi borde ha tagit
till som en gåva av demokrati

Kanske till och med på ett avstånd vi aldrig kunnat
lita riktigt på utanför vår dörr

Där vi delar med oss av alla de påståenden folk om-
kring oss har gjort som sin arvedel

Men, de har inte bett om att bli trodda mer än på
marginalen av sina slutsatsers bröl

Vi har allt det där som bagage i vår ryggsäcks alltför
djupa gömmor från 1960-talet utan vad vi väljer att
manipulera av allt detta är en helt annan femma

Vi skulle kunna ha gjort helt andra charmerande val,
men vi är fast i de vi en gång gjorde

Som om det aldrig går att ändra något, det är som
format i sten, av våra livsval

Eftersom det vi valt är ett slags frivilligt val, kanske
det betyder mer än allt annat i livet

Snarare än att vi underlåter att ta till oss de snabba
avsikternas oändliga möjligheter

Som snarast kan liknas vid en typ av vardagslivets
mentalt formade valhänta liktornar

Då lever vi i en insikt som tvingats på oss av omgivnin-
gens konformistiska levnadsregler

På det sätt vi aldrig ska undvika att pika oss själva för
att vi tagit till oss under dagarna

I de slutna rum vi aldrig skulle ha upplevt som de
enda existenser vi snarare undvikit

Än tagit till oss och närt vid våra barmar under his-
keliga åskväder över myrmarkerna

Det slutgiltiga valet kommer att drabba oss mångfalt
värre än vi kunnat föreställa oss

Eller är vi på väg bort längs asfaltormen i en som-
marnatt så ljus att den gråter sig till sömns

Där vi fortsätter att avsluta den början som randar
nätternas omanglade lakansvävar

Ska vi då, ska vi slutgiltigt bedöma resultaten av våra
upprepade insatsers mödor

Om vi svassar sjuka som en mälarstrand
i motljuset från vår skugga

Liknar vi alla våra insatser vid en ny och omedelbar
variant av livsledans enarmade orkester
Likt blåblusar och slaktarskjortor från Arbetarbodens
bluesfyllda restlagers hyllor
För så många långa och enarmade år sedan att vi halvt
glömt att vi deltog i dem
Och den delen av verklighetens brottartrikåer lade
en ny grund för våra drömmar
Utan att vi ens kunde låtsas acceptera de insatser vi
lärt oss att vi borde ha koll på
När de förlorade nätaggregaten och deras trafos skulle
kunna innebära nya förluster
Utan att vi för en sekund litade på att vi var de rätta
att utfärda sådana omdömen i natten mest kanske för
att vi aldrig satte ner foten inför de där söndersmu-
lande smickrarna
Vi helst av allt ville undvika att blandas samman med
i utkanten av just den branschen
För att vi aldrig bringade system i galenskapernas

infernaliska uttalanden om vädret

Kanske till och med på den sidan av verkligheten där
vi för det mesta håller till

Och smyger oss undan de snabbfotade uppfattnin-
garnas inställsamma uppfattningar

Om det som vi helst av allt ändå inte ville återkomma
till i sovkupéns enfaldiga smärta

När det, som vi från början misstänkte, var en del av
världen som hotade oss i märgen

Släpande de sista stegens uppenbara futiliteter och
snabbfotade tankeblixtars entréer

På andra sidan av verkligheternas enorma fantasi-
konstruktioner av hemkokt lervälling när vi vände
andra natten till för att slippa de tankar vi konstruerat

Utan tanke på vilka konsekvenserna skulle kunna
växa upp till under årens gång

Kanske till och undslippa oss gestaltningen av det
omedelbart otänkbara i loppet

Av den minut som förflyter medan vi knyter om sko-
snörena för att ta oss vidare

Och, som en utanförverklig chimär av dolda slutled-
ningar utan namn i vindens grepp

För att det vi undvikit så länge ska pressas till något
slags uttalande i pressen

De sönderbrutna idéer vi alltid saknade när vi bäst behövde dem

Visar sig hålla måttet aningen rågat i motlutens hem
från de utarmade festernas seglats
Som om vi aldrig mer ska kunna lita på vårt eget
omdömes självförverkligande
Utanför de rågångar vi alltid dragit upp mentalt i
slagserier av pittoreska attityder
Kan det för det mesta avvisas som alltför eskalerade
åsikter om ditten och datten
Alldeles innan krönet på de backar vi stoltserar med
att ha tagit oss uppför utan hjälp
Med anledning av allt det vi skulle ha försmått för att
ta oss vidare i bortgångna skor
Det går så långt att vi försöker hålla oss på banan med
alla de konstlade medel vi kan
Få tag i på ena eller andra viset, fungerar det inte
legalt skaffar vi det på andra vägar
Utan att ens bry oss om vad det officiella prisläget
indikerar om vår brist på fonder
För att skaffa denna typ av extravaganta insatser i våra

som mest slitna ögonblick

Av den yttersta smärtans huliganer, som uppträder i
en park nära där vi bor numera

Kanske inte ens deras skrän kommer att väcka oss ur
vår mentala dvala i rimlig tid

För att det där egentligen tycks handla om något vi
skulle undvika alla de gamla dagarna

Men nu förefaller det så attraktivt, som om avslutning-
en av våra konton

Skulle föra med sig en massa åtgärder som vi inte är
så välvilligt inställda till numera

Om de engelska termerna för vad vi betraktar världen
som skulle göra den tydligare

Innebär det enbart att vi inte lärt oss de riktiga glosorna
på de timmar av förströelse

Vi siktar in oss på vad dessa dagar ska innebära för
oss som deltar i denna långa resa

Med alla de krumbukter vi föreställer oss att resan
ska innebära att vi tvingas till

Som om den lever sitt eget liv, bortsett från att det är
vi som har betalt biljetten till den

Så de saknade resrutterna är långt ifrån det enda som
brister i ordning och reda

Där det visar sig att vi är mer än lovligt överspända, av naturen, tycks det oss

Som om vi aldrig skulle kunna ta oss själva på det där riktiga allvaret som vi förtjänar

Det blir som en generande insikt i allt det burdusa allvaret denna sista dag på flyget

Som om det sköra i våra bedövningars grepp slutligen kommer att släppa taget om oss

Baserat på på alla de belöningar vi inbillar oss att vi riskerar att bli beroende av i slutänden

För att vi naturligtvis är sådär ytterligt veka och så medgörliga i vårt innersta kärna

Medan vi, i all gemytlighet, ska ta oss vidare längs de smala stensatta gatorna vid hamnen

Utan att vi med en blick avslöjar att vi aldrig har satt vår fot här någon gång tidigare

Med gemensamma ansträngningar intar vi våra delade uppfattningar i en oändlig kö

Av individer som anlände betydligt tidigare än vi lyckades göra just denna gång i livet

När arbetet riskerar att bli ett självändamål glömmer

vi bort varför vi utför just detta

Som om vi riskerar att glömma bort vad som egent-
ligen piskar oss att hålla på med detta

Bortsett från det faktum att vi oavlåtligt är i behov att
en stadig ström av pengar i börsen

Av de som var före oss är det blott en minimal rest
som återstår att låta hantera nu

Och vi är kanske inte de som är mest lämpade för ett
uppdrag av den kaliberns allvar

Vad skulle det kunna vara som vi delar med oss av i
slutänden av denna uppdragsmapp

Som inte ens skulle kunna utesluta några andra in-
satser i det liv vi borde ha föredragit

Andra delar av den verksamhet vi menar att vi, trots
allt, fortfarande bedriver hemifrån

Skulle kunna absorberas av den tjocka mattan i
vardagsrummet och aldrig höras av mer

Och de enklare belysningsarmaturerna skulle utan
tvivel backa upp oss i den kampen

Även om vi inte är riktigt kontanta med alla som har
det minsta med projektet att göra

Vi fortsätter att beskriva de arkeologiska rönens fram-
växter genom själens historier

Om lanternorna i skymningen skulle kunna vara det enda målet i vardagen

Vandrar vi ett uppenbart oekonomiskt manér i den
sjunkande solens studsande strålar
Som om de allra sista striderna i kvällningen är vad
som kommer att beröra mest
Alldeles oavsett vad det nu skulle kunna handla om
i en retsamt tvetydig fortsättning som vi sakta tär
allt djupare in i, som om ett ursprung handlar om
blockader av trots
När vi kommer åt det som mest skimrande i våra inre
världar och slutar att fungera helt
Om nu det mest osannolika förfarandet kanske skulle
bli en vana att utföra alla saker på
Skulle vi kunna kompromettera oss själva i fondens
extravaganta belysningseffekter
När det mest abstrakta skeendet är en sliten chimär
i lika hög grad som vår självinsikt
För att den skulle kunna blockera oss på ett mer
genomgripande sätt än tidigare
Och vi så snabbt landar i snöplighetens oavsiktliga

kärrvattens så ytterst isolerande effekter

Kanske med en gliring åt de förutsättningar vi trodde
att vi besatt av verkligheten

Så vi koncentrerar oss på att förstå det mest intrikata
i allvarets svepande svarta mantel

Som om det skulle hjälpa oss vidare längs den un-
derliga stig vi sakta vandrar hemåt

Om det nu överhuvudtaget skulle kunna innebära
något mer än vad vi redan har upplevt

Snarare en kollektiv upplevelse av det vi helst av allt
skulle ha kunnat undvika för alltid

I detta, liksom, skulle vi inte tveka en enda sekund
ens om det gav oss någon slags bonus

När vår sak egentligen inte handlar om några efter-
gifter, utan mer om att leva mer

I de snabbtänkta rådjurens efterföljd i duschar av
kvanne och släpande isiga vindar

Och våra sällskap ska inte längre få våra hyreskontrakt
förlängda av geografiska orsaker

Som leder till en slags diskriminering av helt andra
skäl än vi hade att basera vår uppfattning på

Om det nu inte leder oss fel, så kanske det leder oss
in i en kataklysm av stridigheter som vi hade kunnat
undvika om vi varit mer observanta på periferin

Den ludna dörren II: Formler

Så när våra tillmätta fotsteg är på upphällningen – nicka lite till och le

I ett av verklighetens största marknadstält, som om

vi leder oss själva in i själens anarki

Slitsamt, men någon måste ju utföra de där sysslorna

även om det kostar på en del

Av det slagtåliga godset våra förfäder förfärdigade

drömmar av i gryningar sedan länge flydde

Som vi redan då skulle ha förstått vad vi egentligen

var ute efter att förfärdigas av

Utan större anledningar än det bristfälliga skyddet

mot väder och vind vi kallar kläder

För att vi tar oss själva på alltför stort allvar i bristfäl-

lighetens egenhändiga katakomber

Med det påbrödet att vi aldrig ska kunna hantera oss

själva väl i en serie av slutsatser

Som i sin tur leder till andra delar av vår slitna verk-

lighet, som om den inte existerar

Några andra användbara eller valbara vägar än den

vi just för tillfället råkar befinna oss på

Så, den mest slitsamma åverkan vi upplevt har skett

intravenöst och drömlikt kostnadsfritt

Utan att vi såg det som ett konstaterat skeende i vår
upplevda verklighets kokong

Så, vi var på väg att sluta oss till vad allt handlade om,
när tiden plötsligt stod helt still

Och det resulterade i att vi började tveka om resans
mål – plus dess avgjorda medel

Som om det vi upplevde var något helt annat än den
tanke som försökte beskriva det

Som om det vi helst av allt ville undvika är det mest
påfrestande av alla idéer

Utan att vi för en enda minut skulle vilja ha det ogjort,
eller omdaterat på något sätt

Skavfötters med verklighetens surmulna lodisar
väntar vi på slutresultatens siffror

Eller de saker vi förgäves inbillar oss att vi ska kunna
hålla isär utan tvekan om natten

Sluter sig kring oss som en näve av ren och skär
obeslutsamhet, utan vägar ut

Så, det vi uppger vid konfrontationen är att vi enbart
är vandrare bland andra

Utan möjligheter att accelerera de ömsinta fotsteg vi
lärt oss att hantera efter hand

Om det stilla ljuset över grusvägen om nätterna i Löderup vore änglar

Skulle vi antagligen inte brodera dem som bomärken
på våra örngott så snabbt
Att vi helt och hållet skulle fås att glömma den mo-
tivkrets som gjort detta möjligt
Utan att vi själva kunnat tillföra något som helst av
det måttligt oberörda vi lärt oss av
Kanske till och med slitstarka tankegrodorna skulle
lära oss att hantera våra skäl
Utan att tvivla en enda sekund på vad vi gjort av våra
uppfattningar i allvarets ljus
Så, vi fortsätter som om livet är en föreställning på
Broadway, utan innehåll och slut
När vi delar oss på längden för att nöjaktigt passa in
i de format som skapats av andra
Och detta, mina vänner, sår ett tvivel så starkt att vi
vänder ut och in på oss för feedback
Utan att ett enda ögonblick tvivla på vad det skulle
kunna innebära om vi ansluter oss
Till den månghövdade skara som utan tvekan hör-

sammat vad vi försöker undvika

I alla de steg i natten vi smygande försöker applicera

på vår sekunda vision av livet

Ska vi hålla oss undan i en slags idoldyrkan på det

avstånd vi mest tycker om

Utan att det berör oss speciellt mycket när det kom-

mer till den så kallade kritan

Och att vi, dessutom, inte längre handlar i de invanda

butikerna kring Stortorget

I allt det slitet uppgivna vi försöker hålla oss undan

i alla våra uppenbara brister

När vi dragit oss tillbaka under vår skyddsskärm av

intigheter och insinuationer

Som kanske till och med lär oss något om det liv vi

försöker hantera under hand

Om det ens skulle räcka till med sådana aparta inci-

denter i ett avsiktslöst anfall

Av tankar som är ett mischmasch av sådant vi lånat

och vad vi trott oss kunna förstå

Utan den del av verkligheten som är som ett syskon

i fortsättningen av djupskogen

När vi letar oss fram längs asfaltormens slingrande

linje i det mörka landskapet

Från de sönderblåsta fönstren på andra våningen ser Haga Nygata ny ut

Skjuter vi så omständigt som möjligt upp vad vi ska
försöka hålla oss till i natten

Som en av de eviga lunchpromenaderna med konstant
lunginflammation i förorten

Som är de gamla flyttlassens upprepade avsikter i en
lönnfet natts uppenbara brister av poesi

Som om det nu vore det enda som skiljer oss från de
andra djuren och inte något annat

Kanske till och med en slags ansats att ta spjärn utifrån
alla våra uppfarters tankespjärn

Utan att återstoden av den eviga nattens mödor främjar
något av våra uppenbara uppsåt

Och att vi aldrig ska förneka ens oss själva i den
brustna nattens evinnerliga upprepningar

Utan det stöd vi så hjärtinnerligt skulle behöva för
att dra oss närmare myrmarkernas gräns

Kanske till och med om vi fresker starta om skulle
det innebära någon form av upprättelse

Utan att vi för den skull kommer att förstå oss själva

på något tydligare sätt än tidigare

Kanske på grund av det lismande ljuset i grändernas

smala prång och motstånd

Detta lämnar oss den frid som vi överhuvudtaget inte

ens reglerat över att den finns

Så, vi skapar det egna livet utifrån hugskott och miss-

uppfattningar av det mesta

Utan att det vi lär oss ska vara början av nästa upp-

fattning, utan att det skapar kaos

Som om vi skulle kunna avgöra vad det egentligen

skulle handla om i dagsljuset

När vi hela tiden gömmer oss i flämtande aningar av

nattens elaka brister på allt

Som om det vi gör redan är karterat och oförblom-

merat uppriktigt i själarnas mörker

Kanske vi på det sättet vandrar i våra egna själars

tankesörja som elaka robottvillingar

Utan medvetet uppsåt, men med en slentrian som

nästan är en nerdekad förortsblues

Som om slentrianen både är ett stöd och en fara för

våra liv i denna tumöriella natt

Kanske till och med ett förskott på det tankar vi en

dags ska kunna producera under all den tid vi kom-

mer att lägga ner på att addera och subtrahera slitaget

I alla de led vi föryngrar oss med att vandra genom slutar vi illa

Vi kan se oss som de allra sista proselyterna tillhörande
en avlägsen kulturs bottenskikt
För de som sluter sig i sina innerliga uppsåt på det
allra heligaste av frånpunkters öden
När vi ska fortsätta genom tiden och nå den allra yp-
persta nivån av gatans galenskap
När vi i allt det eftersatta underhållet av våra själars
inneboende uppsåtlig verkanseld
Kan skönja en del av det vi utlovade när vi själva
befann oss i centrum av eldgivningen
På det utmanande vis vi förutskickar att vi ska ge-
nomdriva våra slumpartade liv
Om vi på det allra minsta sätt ska hålla oss själva
tillbaka i avsiktslöshetens slukhål
Utan tanke på vad som egentligen skildrar våra asvikter
på det allra tydligaste sättet
Kanske vi till och underlåter att försäkra de ringa
orosmoln vi upplever i själens rymder
Som om de resultat vi trots allt räknar med skulle

vara någon slags påtaglig realitet

Utan vilken vi aldrig skulle kunna förmå oss att smyga

vidare längs den slaka linan

Av förebrående avsikter och släpphänta argument

för det ena eller andra vi uppskattar

Som om det vi hela tiden undviker är den delen av

våra liv som vi inte ska utesluta

För att vi på något sätt ändå lever som om tiden inte

fungerar eftersom den är konstruerad

Så, allt det där förgyller vår fredag, utan att ta till de

lagliga drogerna för avslappning

Utan vi satsar på en annat slags fördomar; som om

det inte räcker med de som redan finns

I vår absoluta närhet och omtumlande påbud av så

förvirrande fakta och brutala order

Som utan att ens förgylla vår tillvaro ska leta sig vidare

genom våra vidöppna porer

Och försöka hålla hov kring vårt stilla uppvaknanden

ur den brutala sömnens irrfärder

Utan att vi beblandar oss med alltför många individer

som ser världens ände som vi gör

Det kan allvarligt riskera att fungera som ett slags

brutalt bakhåll för våra vilsna själar

Den ludna dörren II: Formler

Medan vi då letar vidare i de lömska avgrundernas enahanda virrvarr

Skalar våra själar våra egons storlekar i varjehanda
algoritmer vi ska försöka avstå från
Som om det mest slitsamma ändå leder till någon
variant av mental söndagsåkning
På alla de mardrömslika gator och dimmiga torg vi
någon gång har befunnit oss på
Under våra besök i vad som bäst kan beskrivas som
en slags urbana manifestationer
Ledande, svävande i alla de subtila instanser av synap-
ser vi ska försöka hålla oss till
I den slitna grådaskiga vardag som vi tvingas att älska
vare sig vi vill det eller inte
Utan att livet egentligen förefaller beröra oss djupt
in i själens så porösa massaved
Som om allt vi försöker beskriva är det imploderande
universum vi alltid fruktat
Skulle övermanna oss i en skum gränd vilken natt
som helst under spelets gemena gång
Utan att vi på något som helst sätt skulle vara invol-

verade i vad som utspelar sig här

Vi fattar det grepplösa i alla de övergivna normer vi
ser försvinna runt ett av gathörnen

När bilderna, som upptas med Tri-X, landar med den
mentala rörpostens hastighet

Vimlar vi fortfarande i ett gathörn, utan att riktigt
förstå vad det var som inträffade

Som om vi skulle längta efter något slags resultat i
förlängningen av våra handlingar

Utan den delan av det ooverkomliga i vårt universum
är vi på den rätta vägen

Vi försöker åtminstone halvhjärtat övertyga oss om
att det som detta ska handla om

Med alla de långsökta hjälpmedel vi utan extravaganser
försöker applicera oss med

Utan att den första tanken någonsin kommer att lämna
våra hjärnors hemisfärer

Kanske det brister av gråt som om det skulle betyda
något mer vad vi hittills lärt oss

Där allt är hemtamt och till synes en del av vad vi
förväntar oss av omgivningen

Som om alla insatser skulle kunna innebära något
mer än bara det slätstrukna

Den ludna dörren II: Formler

Vissa dagar övar vi mer för någon än med de andra i omgivningen

Om det mot alla förmodan skulle leda til något vi ska
lära oss att undvika i natten

De virtuella skeendena i våra minnessynapser eska-
lerar på en skala från ett till drygt tio

Utan att vi för en enda sekund upplever detta som
något som helst påfrestande i långa loppet

Av de slitna meningar vi återbrukar var och varannan
dag, utan att ens reflektera över detta

Som om vi har den slitna arsenalen av uttryck på plats
för att kunna bruka den vid behov

Kanske till och med avbruka den som så ofta blir fallet
i den existentiella vardagens id

Som räknas flera gånger om när vi utantill ska recitera
de satser som leder oss framåt

Så, de glaserade tankarna fastnar inte ens på det
underlag som preparerats just för detta

Utan vi tvivlar oavbrutet på våra uppenbara insatser
i prismorna av vardagens ljussken

På det sätt som vi finner för gott att hantera våra egna

brister och felaktiga inställningar

Som om det skulle kunna leda till något annat än
detta destruktiva kaosspel av uppfattningar

Där för mycket betyder en annan inriktning på livets
ödsliga ambitioner utan spårljus

I de så snabbt förnekade uppfattningarna ska ges mer
utrymme att hantera på allvar

Som om vi aldrig mer ska kunna återanvända de
subtraktioner vi utförde under gårdagen

Då allt inte gick jämnt ut, men ändå på något sätt
kvarstod som verkningsfullt i slutänden

Så vi var naturligtvis glada för den snåla passningen
över det översvämmande Stortorget

Som om anledningen till detta på något sätt hängde
samman med våra hjärnkonsters lekar

Utan att detta på något sätt rimmade illa med vår
vördnad inför kosmos och öknarnas tomhet

Kanske vi till och med skulle sluta oss till vad som
egentligen höll på att ske i det lilla

När vi skapar en mård av alla de tarvliga kommentarer
vi ska uteslutas från att hörsamma

I alla de infernaliskt komponerade textmassor vi kom-
mer att möta under livets gång

Där vi utan avsikt råkar hamna under en grå grynings milda blickar

Skulle vi i en annan dimension kunna leva fullt ut i våra slitna arbetskor och musikens stöd

Utan att det på något sätt skulle kunna inverka på vår sedan länge brutna hälsas insikter

Så, om det ska lära oss något mer än vad vi redan tycker oss kunna i livets avloppssystem

Ska vi aldrig komma åter till det center i våra liv som vi hållit för självklara så länge

Så, den söndriga nattens enstaka pupiller av reflekterat ljus skapar en ny slags blues

I siluetter som dansar längs vägrenen när den blixtrar förbi i den knappt synliga natten

Utan de stoppljus vi har att förlita oss på under de åtaganden vi aldrig ska kunna erkänna

Utan att det ens skulle kunna upplevas som en ny typ av livsproblem i denna slitna era

Så, vi gör aldrig några stopp under denna ödsliga färd utan hållhakar på våra själar

Siktar in oss på det avlägsna eftersom det tycks vara

på modet just nu i detta år

Kanske vi till och med landar i ett slags nystartat
förhållande till ljuset och dess effekter

Utan att vi på något sätt vandrar alltför långt in i
denna idyll av bokstäver och ord

Vi så raskt har skapat i nattens efterföljd och de upp-
enbara brister det kommer att medföra

När vi tilltalar livet som vår underordnade och tycker
oss ta ett fördomsfritt grepp

På allt som det nu ska innefatta av alla de slitna upp-
täckter som återstår att notera

Så vi skriver hemåt i den brustna nattens enkla ekva-
tioner utan reella lösningar

Som om det skulle innebära ett slags slut på våra
aktiviteter i dessa myrmarkers utbygder

Kanske vi inte ens kan sluta oss till vad allt vi föreställt
skulle kunna innebära för oss

Kanske resultatet är det enda som betyder mer än
något annat i denna fortsättnings lopp

Som om det skulle kunna vara annat än vad det just
nu synes vara i vandringens öde minuter

När sagan om oss är den sista vi får höra på så länge
att vi nästan krackelerar våra sömmar

Där vi måste vidare i en natt som brister av söndriga känslors timmar

Som om det minsta vi kunde göra vore att dela med oss av alla de snabbt övergivna takterna

Av allt det förlåtna, allt det förgråtna, som om det enda vi har anledning till är borta

Som de tankar på gårdagen vi kommer att hysa imorgon och därefter in i evigheten

Kanske det mest sommarbelupna angreppet i modern tid skulle historikerna skriva

Utan att egentlogen förstå vad de tycker sig ha analyserat i det förflutnas kaleidoskop

När de allra som mest intrikata lösningarna synes vara enbart chimärer som skimrar i natten

Utan spår tillbaka till den fasta mark analysen borde vila på i endräkt och stillhet

Kanske vi till och med skulle kunna anta att slutresultatet kan bli ett annat än vi förutsett

Om vi startar om, från en ny punkt i tillvarons kaos och skissar på nya beskrivningar

Vore det inte enklare att anta att detta aldrig hade

inträffat på denna plats beroende

På vad vi alldeles utan vägledning har lyckats åstad-
komma hittills med detta material

Som kanske skulle kunna vara ett annat, utan den
insikt vi tycks ha för stunden

Med de flesta insatser briserande i alla våra motsat-
sers upplevda komfortlösheters öden

Kanske till och med ett slags idolhysteri i vår obe-
mannade verklighets korridorer

På det sätt som vi alltid har ansett kan lösa alla de
knutar och problem vi skulle kunna möta

Ur nattens stillhet och den briserande morgonens
affektiva upplösning av tiden

Kanske vi lever loppan utan att ens inse att det skulle
kunna vara annorlunda nästa vecka

Som om det slitstarka i vår tillvaro ska lösa oss från
våra ålagda bojors fasta grepp

För att det ska leda oss djupare in i myrmarkernas
samarbetsovilliga ansatser av framtid

På det sätt som vi finner för gott att hålla till godo
med när vi egentligen inte har något val

I denna tid av overklighetens manifestationer runt
omkring i landskapets ödslighet

Vad de övriga sålunda ska bestämma sig för att göra av tiden

Är en av de mest grymma gåtor vi kan förhäva oss till

att friska hitta en lösning på

I vilken skepnad sanningen än dyker upp ska den

ändå vara till för så många individer

Att det känns enormt skrattretande att den en gång

tillhört oss så länge vi kan minnas det

Men nu briseras i en förort utan att vi ens lägger

märke till dess vanligaste kännetecken

Vi ska antagligen till slut komma att inse det allvar

med vilket från alla håll vi omgärdas

Som om det mest allvarliga ändå är hur länge vi ska

kunna röra oss fritt i sidled

Med de leende samariter vi plägar att umgås i somriga

tiders enorma utbud av frid

På den sida av stranden som vi hr fått för oss ska

tillhöra oss för eviga tider framåt

Vad nu detta egentligen kommer ifrån i alla de svärmar

av antaganden som cirkulerar

Risken är väl att det egentligen ska betyda något mer

än vad vi för tillfället lyckas förstå

Som en del av vår absoluta övertygelse att detta inte
håller för granskningen längre

Utan vi ska för att vara på den säkraste sidan av verk-
ligheten revidera vår uppfattning

Som om det bara är för oss att ändra ståndpunkt mitt
i stridens allvarligaste hetta

När allt det där som vi inte riktigt förstod den första
gången vi mötte problemet

På sätt och vis kan te sig än mer skrämmande när det
återkommer som realitet

I alla de slitna tankegångar det då startar om med att
presentera oss för i natten

Kanske vi till och löser en del av de där problemen
bara genom att ignorera dem

Men man kan aldrig vara helt säker på att det är så
där det skulle kunna gå till

Det handlar om vem av alla deltagarna som har
tolkningsföreträde under nattens möten

Utan att det handlar om att peka ut någon som an-
svarig för alla begångna felslut

Och till slut komma i ordning inför nattens enorma
uppslutning av allehanda frågor

Visste vi med någon slags säkert vad det cirkulära budskapet innebar

Eller skulle vi ta oss vidare i slipade slutsatsers in-
neboende motsatser och bara stirra

På de andra när de försöker ta sig i mål utan ha en
enda verklig uppfattning om något

Som om det vi landade i skulle vara en avbild av något
helt annat material i livets strid

När slitaget bara tilltar i stridens kokande hetta utan
att vi ska dela med oss av vinsterna

Som oavlåtligt ackumuleras i högar vi inte längre
känner igen som våra egna

Av de sorterade brottstycken av ömsesidighet vi ska
hålla undan från att leva med

På den bog vi aldrig skulle kunna föreställa oss att
det gav oss mer insikter än ursäkter

Utan något som helst ansvar för allt det brutala i vår
attack på vår egen samtid

Kanske vi till och med ska avbryta de där samtalen
för att de inte leder oss åt rätt håll

I ett av de absurda sidval vi gett oss in i att delta i

medan vi fortsätter att försörja oss

På den grynna av fotfäste vi ska inleda oss i jakten på
något helt atrofierat tungomål

Utan att vi någonsin kommer att likvidera våra ambi-
tioner en mulen söndagsförmiddag

Som om skillnaden mellan storheter som Umeå och
Göteborg bara är namnet på staden

Och inte har något som helst att göra med hur de där
platserna kan upplevas på våren

Ger vi upp med ens och tycker oss vara felbehandlade
i livets roterande energier

När vi med våra besman tar oss vidare i beskrivningen
av våra respektive livsbanor

Som om det vi helst av allt försöker undvika kommer
åter och åter i livsforsen

Utan att vi riktigt kan bestämma oss för något av alla
de val vi skulle kunna göra nu

På alla de slutsidor vi aldrig riktigt känner för att
avsluta med en punkt i nattens mörker

Utan hellre alarmerar oss själva till den milda grad
att vi inte längre känner igen oss

Som om nu det skulle vara ett tecken på funktionalitet
i drömmarnas absurda värld

Levde vi på den andra sidan av tillfälligheternas oavsiktliga uppdrag

Av de eoner av tid som förflutit sedan vi sist sågs på
en bro i Paris och smålog förtjusta
Som om allt annat var av underordnad betydelse och
bara det där mötet var sanningen
Utan att vi på allvar kunden sluta oss till vad vi egent-
ligen var i färd med att göra av oss
På den tid det tog att dela med oss av verkligheten
var vi alltför slitna för att komma åter
Av alla de läckor av känslor vi hade upplevt i återhållna
korridorer av maktens orosmoln
Och de mest utmanande tankar vi under de senaste
decennierna hade lyckats ta del av
Utan att det vi sönderdelade i motljuset sista inkar-
nationer och la locken på till slut
Som om vad vi egentligen hade att bidra med inte
var av rätta valören eller kulören till slut
Och när allvaret, som den senaste teoretikern i fältet,
äntligen manifesteras på scenen
Är vi sedan länge så långt bort i periferin att vi själva

till slut inser att vi inte räknas

Som om det någonsin skulle ha funnits ett ögonblick

då vi hade gjort det på allvar

I de vildmarker i förorten vi litar till att vi kan leva

utan att jagas som vilda djur i natten

Eller att på nytt skrapa samman våra skilda dialekter

för att försöka förstå varandra till slut

Som om sanningen inte skulle vara en sanning om

inte tillräckligt många omfattas av den

Kanske vi till och med inte vill starta om på nytt, utan

nöjer oss med detta provheat

Men, på ett eller annat sätt resulterar detta i att vi

snart återvänder till vår sanna startpunkt

Eftersom vi på sätt och vis landar i ett obönhörligt

avsked av stillsamma invektiv och hot

På den sida av den försmådda verkligheten som vi

ändå till slut känner oss mest hemma i

Utan att det ska ge oss en enda pluspoäng utöver de

minuspoäng vi redan begåvats med

I alla dessa små kymiga kyffen vi sorgfälligt har und-
vikit att stanna alltför många år i

Där vi på allvar har förstått den skillnad som vi ska

leva med i utmarkernas landskap

Vid den där tiden såg vi tydligt att de uppror vi kände pulsera inombords var en flykt

Från de starka krav vi hade på oss själva att ge oss in

i alla våra egna motsatsers gudalära

Som om vi aldrig riktigt kunnat förstå storheten med

att hålla undan för regnets attacker

Där vi för tillfället råkade befinna oss med hänsyn till

de geografiska förutsättningarna

Skillnaderna vi upplevde, åtminstone den första tiden,

var egentligen av mindre betydelse

I det långa loppet och skulle visa sig ha en helt annan

karaktär så långt senare i verksamheten

Utan att det på något sätt skulle kunna innebära någon

slags motsats till den egna attityden

Så, kanske mycket av det vi tyckte oss uppleva egent-

ligen inte var några nyheter just då

Det blev i synnerhet alltför tydligt i den del av vad vi

höll oss undan på ett slags trotsigt sätt

Utan de delar av verkligheten vi hade vant oss vid

under så många obligatoriska inspirationsdagar

Sorgen vi bar med oss inombords var i detta sam-
manhang tydligen av mindre betydelse
Så vi gav oss hän i planeringen av vad som skulle bli
en slags motvikt till vår historieskildring
Utan att vi ens sneglar på vad andra har tillfört i våra
slitna mockasiners efterföljd
Som om vi aldrig skulle kunna ta ut stegen till fullo
utan att minnas fabrikens lukt av stål
Och de alltför små fjäten vi tillämpade i en smygande
känsla av att vara på väg åt fel håll
När vi genade genom våra själar för att ge våra svar
på ett till synes lukrativt erbjudande
Som kommit till oss på omvägar via bekantas bekanta
som landade sina insikter på små moln
Det där pratet om en ny inspiration eller att tända
brasan på nytt fick vi höra till leda
Som om det aldrig skulle gå att släcka den naturliga
motelden i våra pulserande hjärtan
När vi slutligen ger upp kampen inom oss själva och
för ut den i diktens heliga landskap
Utan att det förefaller oss det allra minsta konstlad
eller definitivt oåterkalleligen långsökt
Med det avstånd till oss själva som vi skapat i föreställ-
ningen om att det ska hjälpa till

Vi kan troligen aldrig ens hoppas på att närma oss livets ursprungliga koncept

Där de svävande varelserna innebär ett större hot mot alla som inte har den förmågan

Och vi ska inte glömma de dagar då allt detta inte längre ska vara lika giltigt som nu

På andra sidan verkligheten ligger alla drömmarna i lugna reden av stilla förväntan

Så, vi tar oss för pannan och bryter ner alla stegen i mindre drömlika sekvenser av tid

Där är vi vårt eget motstånd i nattens febrila attacker mot vårt gedigna medvetandes gränser

Och vi landar själva i motsatsernas avslappnade insikter om vad vi ska hålla oss till

Betydelsen av att begripa övertygelsens grepp om den egna själen är outtalade drömmar

Som sliter envetet i våra fjättrar på den sida av verkligheten vi ska hålla oss i skinnet på

Kanske också med en stilla flirt med allt det underlag vi har att låta oss förstå i natten

Men, det är heller inget vi ska urskuldra oss för i de

mångfaldigade sinnestillstånden

Som om allt vi fruktar som allra mest är just det som
vi oavlåtligt attraheras av

Utan att vi kan sluta oss till vad det egentligen skulle
kunna innebära för oss på sikt

Som exempel på vad vi mest av allt ska längta efter i
motsatsens enskilda åtrå

Där upprepningarna bygger ett system av pedagogisk
galenskap under nattens ljud

På samma gång som vi får lära oss att böja alla de
verb vi har nytta av i en snar framtid

Kanske till och med kan lära oss att förstå våra egna
tankar i det nya språkets melodi

Utan att innehållet kompliceras av alla konnotationer
modersmålet behäftas med

När vi grydde i den döende nattens mörker fattade
vi alla de beslut vi skulle ångra

Bara några timmar senare i blixtrande dagsljus och
återhållsamma tankemödor

Som om slitaget på våra nerver endast innebär andras
motgångar och vårt eget väl

I natten, i människornas egen boning, som ett svar
på outtalade böner om stabilitet

Saknadens torterade konturer leder oss på de allvarligaste villovägar

Som det enda vi vet med säkerhet är att det kommer
att förbli på det viset en tid

I de mest behövda stunderna letar vi oss bort ifrån
verklighetens enorma mönster

Och tenderar att stirra oss blinda på vad vi egentligen
tänker om de sista resultaten

I den kamp som är en evig plåga för många och avslutar
frukosten för alltför många andra

För att vi i slutet av den uppdragsverksamhet vi be-
driver i form av att närvara varje dag

På ett jobb vi knappast tror att vi själva skulle valt att
söka oss till om vi hade valt fritt

Så den korta tiden vi har till vårt förfogande räcker
knappt till för slutheaten ens

Så skulle det bli så mycket allvarligare om vi slängde
vår licens i en vulkan och gick hem

I den knappt snöröjda nattens drivor av överskotts-
produkter från ett döende samhälle

Och alla de som stirrar tomt från sina köksfönster

fast de borde bäddas ner för att sova

Däremot, och det poängterar vi, ska alla gator röjas
från vinddrivna existensers fjät

Som om det då blir så mycket lugnare att ta sig fram
genom de svarta gränderna

Som en sliten, liten del av det universum som skapar
alla förutsättningar för gräl

I den torftigaste natt vi inte kunnat föreställa oss på
alltför länge på Bangatan i Majorna

Som om slitaget lindras av att minnas vad vi tror oss
ha gjort tidigare i livets tombola

Utan att vi ska lita för mycket på våra hågkomster då
de tenderar att friseras en hel del

Och vi tog oss vidare i alla de snöpliga turer vi håller
undan för att lära oss mer av

Längre kommer vi inte i vår jakt efter de spår som
skulle kunna uppenbara historien

Som antagligen ligger någonstans där ute i den ho-
tande nattens eviga famntags berusning

Och vi inte ville att det skulle vara glasklart vad vi
håller på med i lånade kläder

Så linjerna längs gatorna försvinner aldrig i vårt
medvetandes avsiktslöshet

När minnena är så bistra att vi inte vill kännas vid dem längre

Då alla tankar på flykt från denna öde spelplan är
som bortblåsta från sinnets snåriga yta
Vandrar vi i snubblande terränger som låter oss förstå
allvaret i denna situation
Som om det mest påtagliga till slut kommer att göra
oss fria från svek och lögn
När allt vad vi har undvikit att påpeka inte längre
förefaller lika viktigt som förr
Då är vi på nytt på vår slingrande väg i nattens laby-
rinter av otydliga tankar
Som skulle kunna låta oss delta i andra saker än det
vi håller oss undan från
Snarare än att vi låter oss ta den rättmätiga plats vi
egentligen har förtjänat
Vid det här laget givet alla försök att leta oss vidare
in i drömmarnas landsbygd
Kanske vi till och med kan komma att förstå oss själv
i slutspurtens uppförsraka
När allt vi försöker hävda att vi upplevt egentligen är

snordränkta drömmar om påhitt

Som om det vi undrar om oss själva ska vara den mest oinspirerade takten i musiken

Och alla våra steg planteras ett efter ett i numera osynliga rader av ansträngning

Som en gång ledde oss vidare från någon slags utgångspunkt i livets periferi

Så ur hela den långa raden av keramiska uppfattningar letar vi harsyra i planteringen

Som omgärdar Rådhuset i den lilla staden vid den blå älven i norra delarna av landet

Och försöker trots det att ta oss in i alla de skrymslen vi avskyr att besöka

Även om de till en början föreföll vara väl lämpade för våra syften i dagsljuset

På så mycket avigt beteende kan vi aldrig ge oss till att försöka kullkasta tankarna

I den fortsättning vi alltid har letat efter i våra så snabba avsikters egna affekter

Och med det allvar vi aldrig blivit kända för ska vi ta udden av oss själva i motljuset

Som blixtrar in från den enda av våra ögonvrår som inte längre enbart protesterar

De mest eftersökta och på allvar saknade indicierna letargins förekomst

Ska hålla oss undan den där som mest förtärande elden i våra bröst med ett allvar

Som kan innebära allt eller inget med en klackspark av tillvarons effektiviteter

På det sätt vi aldrig ska låta oss förminskas i den slutna gryningens enstaka hus

Men kan leverera allt vi vill att vi ska få oss tillsänt i brottstycken av nyårets eldar

Av alla de okända hjältar vi förlitar oss på i skuggresorna genom allvarslandets misär

Utan att något av det vi noterar egentligen ska leda till något mer konkret resultat

När vi betraktar vårt eget påtagliga allvar från ett säkert avstånds skyddsbunkrar

Som om vi inte riktigt rår på oss själva i mot- eller medvindens krumbukter på stranden

Utan att det som leder oss bort från den allra viktigaste frågan vi söker ett svar på

Kanske vi till och med ska leta oss vidare in i våra

slutna själars brandskattningar

Av det universum vi tycks vara de enda som uppfattar att vi vuxit upp genom åren

När det vi letat mest efter egentligen inte står att finna åt det håll som stigen bär

Utan alla de där försöken kan hänföras till en enda stund av tyst solförmörkelse

En sommardag på 1950-talet i norra Europa då vi hörde världen tystna av mörker

Kanske som ett tecken på att livet hädanefter skulle bli så annorlunda för oss

Så skilt från det liv vi hittills hade lyckats leva som de enda individer vi kände

Vi såg aldrig vad som skulle komma att hända med våra omtöcknade själar

Som om vi då vore blinda för alla tecken på oväld i tankarnas omfattande labyrinter

Och detta skulle bli en av de mest vilda resor vi hade lyckats genomföras av

På det sätt vi aldrig skulle kunna komma att förstå på ett annat avstånd till solen

Som det skulle ha varit en fröjd att ha deltagit i med hull och hår utan tvekandet moras

Det mest motbjudande i ljusets egen
kvadratur är släpeffekternas grimaser

Som om de egentligen inte skulle föreställä något annat
än vi fått för oss att de gör

Vad som helst för att kväsa vikten av våra insupna upp-
fattningar om världens undergångar

I alla de nergångna trapphus vi har urinerat i under våra
"Sturm und Drang"-år på olika håll

I den slutna värld vi då framlevde våra dagar i med ett
slags gravallvarligt uppsåt av ro

Och sammantaget blir det en kavalkad av moteld inför
vår egen reaktion på allt vi sett

Kanske till och med en smula "artistiskt" om det nu är
det vi är på jakt efter i nuet

Som om plikten i alla skeenden är den del av oss som
letar sig vidare hemåt i natten

Utan de snarstuckna kommentarer som våra bisittare
inte kan underlåta att komma med

I den gryning av alla gryningar som vi landar i vid Ny-
torget i början på 1970-talet

Utan en enda insikt som vi kunde bruka till något annat
än att fördriva tiden en smula

Den ludna dörren II: Formler

Där natten vore den del av allt vi underlåtit att ta oss
fram till genom alla uppdrags välvilja

Som de skira, en gång vita, gardinerna sakta vajar i
grändens snålblåst utan verkligt uppsåt

Utan att det ska handla mer om vad som skulle komma
senare under dessa projekt

Där den intrikata lösningen på allt tycktes vara att sopa
problemen under asfaltens täcke

När alla de där figurerna skymtar i våra ögonvrår som
skuggor ur ett skamligt förflutet

Utan tanke på att det kanske enbart är flyktiga återsken
av historier vi en gång hört

Där vi bakåtlutade tillbringade alltför många timmar i
kommunikationens väntsalskatedraler

Utan att vi då insåg konsekvensen av detta beteende över
tiden som skulle komma

Som om vikten hos innehållet inte riktigt motsvarar den
potens det egentligen besitter

En annan tanke är ingen tanke på detta utan mer en
reflektion över bristen på tänkande

Som om det egentligen skulle leda oss någon annanstans
än dit vi aldrig skulle gå

Vilket i så fall skulle vara första gången något sådant
skulle kunna inträffa

Den buttra morgonen vänder sig på andra sidan av världens katarakter

Den letar sig allt djupare in i vanföreställningarnas in-
ferno av taktila hugskott i natten

Som om det vi skulle sakna allra mest i den gryta av
saknader vi just nu kokar

Skulle kunna medföra alltför intrikata ansatser av de
slutna rum vi försöker lämna

Utan att det egentligen ska märkas så mycket vad vi
egentligen håller på med

När sanningen blir en medalj i samlingen av skräpsaker
vi bär med oss genom tiden

Utan att det på något sätt skulle kunna påverka oss mer
i den här änden av livet

Och ändå på något sätt ska frottera sin inverkan på våra
nervers grymt slitna ändar

Kanske vi ändå ledde oss själva till vatten när vi slutade
förstå vart vi var på väg

När vi på ett vad vi bedömde som säkert avstånd försökte
få en sann överblick

Över vad som egentligen hade skett under gårdagens
enerverande föreställningar

Den ludna dörren II: Formler

Skulle det då kunna innebära att vi kan undvara de
tankar vi mest av allt skulle behöva
För att orka ta itu med den uppdelade syn på världen vi
i allra högsta grad är en del av
Eller vandrar vi i slitna töcken så blinda för allt vi ska
dela med oss av i tiden
Vi vore troligen betydligt mer väl till mods i en tanke på
gårdagens ihåliga argument
Om vi skulle ha kunna dela med oss av dem på ett be-
tydligt mer yrkesmässigt sätt
Inte för att det egentligen skulle ha spelat någon större
roll för vår egen framtid
Men det skulle onekligen ha kunnat driva våra frågor på
betydligt större avstånd än nu
Och allt vi har möjlighet att berätta är en saga som inte
håller måttet i längden
Utan mer måste betraktas som ett dåligt exempel på vad
vi försökte, men inte kunde
Och så vitt vi vet ska det leda till ett större uppror in-
omskärs än vi kunde förutse
I allt det enkla vi alltid propagerat så maniskt för att vi
ska försöka hålla oss till

Snart delar vi med oss av själarna som samlas i grändens rännsten

När vi följaktligen inser fler saker än vi kan berätta för
någon annan i hela världen

Viktigt är dock att livet oavbrutet luggar oss i nackhåret
i motvindens enkla kontor

Skulle vi kunna anta en annan yttre skepnad utan att
det skulle förstöra alla våra chanser

Som om sanningen egentligen är en helt annan sak vi
ska låta oss förstå på vårt avstånd

Från oss själva som motsatser till nattens enormt över-
drivna betydelse i småstadens närhet

Och allt det där borgar för att vi sliter ner oss helt i
onödan med allvarligare lekar

Än vi egentligen skulle behöva syssla med i maktens
avarter och motprestationer

Kanske till och med våra yngre syskon skulle kunna se
genom dunklet med stora ögon

Utan att vi lärde oss att hantera de lokomotiv av skuld-
sanering och tjafs som omger oss

För när vi i allt vi tycker oss berättigade att företa oss i
sandlådans trygga famnar

Är kanske inte detta det allra första vi ger oss till att försöka överblicka om kvällarna

Snarare leker våra tanke på allvar med en av de mer förlåtande varianternas möjligheter

Och ska vi kunna hålla oss för skratt mellan alla tårar som bryter fram i dörrspringorna

Vill det mycket till innan vi fullt och fast har kontroll över fönsterbleckens utsikter

Om det vore enkelt att slita ur sig hjärtat och presentera det i ett sammanträdesrum

Skulle vi alla syssla just med det, utan att räkna timmar och skicka fakturor hit och dit

Kanske till och med de observanta räknenissarna skulle rikta sin blickar åt andra håll

Åtminstone för den stund det tar oss att noga studera insatserna över den stensatta gatan

Kanske det skulle tillåta oss se en ny gryning under alla de motsatser vi inte förstått

Mer av än de slitna uppfattningar vi alla är representanter för som livets kurirer

Utan att vi ens får någon pekuniär ersättning för att vi ens deltar i föreställningen

Breven landar inte längre på mitt golv i tamburen med lätta dunsar

Det är som om våra skrivstilar inte längre fungerar över långa avstånd i livets härdsmälta

Som om det vi lärt oss att ständigt undvika blir just vad som vi dras alltmer uppenbart in i

Utan att vi kan göra så mycket åt hur det sker när vi stilla betraktar vad som händer

Hur det nu kan komma sig att aptiten briserar i den slitna nattens egna koftor

Av outgrundliga aspekter på våra som minst aggregerade avsikter om lördagens fester

I alla de invanda metaforer som vi borde hålla oss för goda för att hänga upp oss på

Men, kanske det inte handlar om de reella orsakerna, utan mer om det finstilta i kontrakten

Som någon påstår att vi undertecknat för åratal sedan i mörka prång av dystra minnen

Så att vi nu inte riktigt begriper hur vi kunde hamna på detta otäcka ställe i våra liv

Utan att de regenererade avsikterna i våra dagboksanteckningar ska ge oss nya krafter

Att ta itu med vår splittrade syn på oss själva och våra
tveklöst obskyra handlingar

Kanske till och med medge att livet ska hålla undan för
sig självt och inte bromsa in

Utan ta alla chanser det har att eliminera avsikterna med
sig själv i vår aviga inställning

Till det liv vi vet inte kommer att vänta på oss av skäl
som är så omutligt uppenbara

Att det vore nog om en bråkdel höll sig till sanningen
om vad som ska ske framöver

Utan att vi ens ska behöva hålla oss undan styrpulpetens
oavsiktliga avarter av frid

Som om det egentligen inte handlar om några andra än
oss själva och våra planer

Utanför de förväntningar som vi klädsamt kategoriserat
som "våra egna" i aftonljusets drömmar

Då vi befann oss i mitten av alla de så saklöst inflam-
merade uppgifterna om lycka

Att hälften med rätta hade kunnat vara nog en kväll som
denna i slutet av september

Kanske vi inte ens förstod vad vi gett oss in i under de
allvarliga påstötningarna om fred

Som vi nogsamt negligerat under förespeglingar att det
vore en för enkel lösning

På en av livets många scener fascinerar vi oss själva i mörker

Utan att det egentligen handlar om frånvaron av ljus i spelet om bästa omtagningen

Av alla de slitna uppdrag vi gör gång på gång i ledans trista koppel av gårdagar

Som om det enda vi har anledningar till att misströsta om i den årliga vargjaktens dagar

Som kan bli det enda uppdrag vi misslyckas med detta decennium utan att snubbla

Vidare i alla de potentiella insikter vi har att dra oss undan med avsiktslöshetens

Bristande översikter över vad vi brukar räkna som vår hemmaplan i livets matcher

Som om det vi landar i på den där bryggan mellan frid och tumult är att vi är så omåttligt ense

På det där enerverande sättet som bara sofistiskerade meningsmotståndare kan frambringa

Utan att tvivla det allra minsta på vad vi egentligen förtjänar av alla våra vardagar

Skulle det dock kunna bli oss en tydlig läxa att skriva drama på vers om i efterhand

Kanske vi till och med skulle kunna återanvända våra
egna egon som dörrstoppare

Utan att det skulle te sig underligt i det ljus som faller
över oss under dagens lopp

Mer som en varning från någon som varsamt gått denna
ogästvänliga väg en tid före oss

När det var svårare att brista i sömmarna enbart av de
mer enkla anledningar i närområdet

Utanför alla de avgränsningar såväl vi som vår omgivning
försöker skapa i mörkret

Utan skäl att låta sanningarna brisera i alla gathörn vi
ännu inte har lyckats besöka

Så, de makter som vi identifierar och försöker bekämpa
i vår egen skildring av krig

Ska leda oss så vilse att vi aldrig kommer att kunna hitta
den rätta vägen på nytt

Som om det vi oavlåtligt försöker undvika är att hamna
i skuldsättningar på nytt

Om det vi tycks leva av ska hålla oss undan ett liv upp-
byggt av andra hot än livet själv

Skulle det inte lämna oss några oavsiktliga luckor i våra
själars dansscheman

Kanske inte ens få någon att skriva upp sig i det där
numera så förlegade schemat

När menyn på Joe's Pizza Parlour inte längre är så läsbar

Kan vi slita oss från alla de subtraktioner vi helst av allt
ville undvika från start

Som om de potentiella valmöjligheter helst inte ska
pekas ut för oss alltför tydligt

Och vi ska försöka återvända i ett stycke till vår ur-
sprungliga utgångspunkt

Utan att vi på något sätt har levt oss in i alla de omstän-
digheter vi ska lära oss av

Och det mest nedgångna av våra två par skor ska lära
oss mer om livet än tidigare

Som om det vi helst av allt vill lära oss att undvika skulle
vara det som förföljer oss

I alla de mikroskopiska ansatserna av slitiga arbetsdagar
utan verkliga slutresultat

Kanske till och med en aning av det vi skulle ha kunnat
redan innan vi startade våra försök

Att eliminera den brist vi upplevt i våra snedställda
pannlobers oavsiktliga medvetande

I alla de så smärtsamt saknade delarna av de kartor vi
ritade för så länge sedan

Som om det faktiskt fanns anledning att beskriva vägen
fram till en tänkt punkt i världen
Vi aldrig hade vett att ge oss på jakt efter medan tanken
på den var någorlunda ny
Utan att vi på vårt allra som mest insmickrande och
pretentiösa sätt skulle dela med oss av i nuet
Om vi då gav oss ut för att vara de vi egentligen hade
anledning att vilja vara
Som om slitaget i våra själar redan hade börjat märkas
på det allvar vi så länge fruktat
Om inte annat skulle det kunna slutföra alla vår uppskat-
tade spelningar för eviga tider
Som om alla de tankar vi ska fortsätta snabbspola genom
vårt så förbrukade kapital
Vore det kanske inte bättre att sätta in en annan melodi
i musikspelarens lönnfack
Så att vi skulle kunna sluta våra insatser på ett mer ärligt
och ärofyllt galant manér
Utan de dekorationer alla våra inbillade påhitt skulle
kunna påverka i alla tider
Och sluta oss till att det inte ens vore en lättnad att till
slut bli klara med allt detta

Då alla våra slitna tankar sitter så stilla i en vrå av köket och slumrar

Som om det inte finns något mer att tugga i sig av alla
våra forna utmaningar av lust
Som om allt vore där vi som mest längtade efter att hålla
undan för alla de skäl
Som ville beblanda oss med allt vad vi hade att ta till
som vapen i motvärnets uppdrag
Kanske en stilla reflektion över allt vad vi skulle hålla
oss för fina för att delta i
Och alla de snörvlande ljud som skulle komma att dela
vår tid i tre parter av sorg
Kanske det allra första var den som handlar om avsikterna
med vandringens stavar
Och vad vi ger oss in i är en barnlek jämfört med vad
som skulle komma fram
Under de relationer mellan skog, asfalt och betong vi
kämpade oförtrutet med
Utan att det på något sätt skulle driva oss en fot närmare
något svar på våra frågor
Men, det kanske inte ens var svaren vi var på jakt efter
i alla våra ansträngningar

Den ludna dörren II: Formler

Så, till vårt försvar ska vi möjligen kunna anföra delar
av vårt elementära ordförråd

Som ett slags outgrundligt startkapital i kampen om
herraväldet över beskrivningarna

Utan att vi på något sätt har landat i någon form av
utjämning av slätstrukenheten

Och på den andra sidan av verkligeheten väntar snarare
än fler komplikationer på oss

Vi vet ju om det, men vi låtsats som om det kommer som
en brutal överraskning

Utan att vi på något sätt skulle ha kunnat förbereda oss
på de nya spelreglernas former

Kanske till och med kan vi inflika någon form av miss-
tanke om fuffens från domarna

Och i alla de saknade uttrycken för en imploderande
värld ska vi stilla sitta i regnet

Av förstörda ordspråk och sakta försmäkta under tordönet
från våra missade tankar

När de ska sipprar ut genom dagvattengallret i vår hjärnas
slitna utmarker

Och gång på gång försöka hålla emot alla de skrämmande
hot vi lever med

Kanske mest av allt som stilla påminnelse om att livet är en form av ballong

Som vi försöker blåsa upp, på egen hand tror vi, men utan hjälp fungerar det inte

Speciellt inte om vår lungkapacitet redan är så nedsatt att vi drunknar i motargument

Kanske något av det bortglömda, men ändå inte utan en form av existens här och nu

Speciellt som vi aldrig skulle ha brytt oss det minsta i en annan tidsepoks galanterier

Och de allra minsta av de små idéerna kommer åter som invasiva drömmar om livet

I vars flöde vi känner igen saker från en annan tid och plats, utan hjälp av nuets teknik

Kanske med en släng av ironi i ett alltför komplicerat flöde av grottmålningars ytor

Som om det vi helst av allt vill försöka undvika är en del av slitaget vi ska vänja oss vid

Utan att vi fördenskull skulle ha andra ambitioner nu, jämfört med i det förflutna

Så, vi alternerar mellan att sedan dö en smula, och att hålla oss borta från livet

Som om det skulle vara två vitt skilda förhållningssätt
vi kan applicera på vår tillvaro

Utan att det gör den allra minsta skillnad när vi lämnar
oss fria från skuldens börda

I allt det vi så gärna ska försöka undvika att dela med
oss av i slutändens final

Där vi letar efter byte som vi kan bära hemåt i nattens
så otrygga famn av osäkerheter

Där alla våra uppenbara fascinationer är en del av det
vi oavbrutet försökt att undvika

Vi snickesnackar oss genom så stora delar av livet att vi
på sätt och vis förvånar oss

Om det inte är ett alltför starkt sätt att uttrycka saken
som antagit för stora dimensioner

Och på andra sidan verkligheten brinner vi snabbare än
någonsin som tankefacklor

I den ljumma kvällningens intrikata lösningar på kanske
ej existerande livsproblem

I en nybruten natt som delar med sig av alla våra förut-
fattade meningars arbetslycka

Och i slutänden blir det våra egna straff vi ska utmäta
med orättvishetens spöknippe

Långt senare skulle vi slutligen förstå oss mer fullvärdigt på oss själva

Som om det inte längre skulle finnas några outtalade skillnader mellan då och nu

Åtminstone inte på det sätt vi lärt oss att det skulle se ut i beskrivningarnas slutversion

Kanske inte utan en udd av sparade aggressioner vi kunde använda för en nystart av livet

Eller möjligen inte, det berodde naturligtvis på vad vi höll på med i den aktuella stunden

Vi försmådde mängder av idéer under de där åren, som en plan att överleva vidare

Som om vi aldrig skulle ha gett oss in i detta så oundvikliga hasardspels labyrinter

Eller ens reflekterat över vart det skulle kunna leda i förlängningens trapetskonster

Utan så allvarliga incidenter att vi för någon tid kunde tro att det inte var farligt

Som vi trott, utan mer främjade våra existensers välbefinnande under långa tiders kval

På det sätt vi aldrig hade kunnat föreställa oss att det skulle kunna innebära för oss

Det så uppenbart föråldrade synsättet införlivades i vårt
tankesystem utan problem

Just då, men det skulle senare visa sig vilket misstag det
hade utvecklats till att bli

Utan de mest elementära avsikter skulle vi aldrig ha lärt
oss att hålla undan i natten

För de krämpor vi tydligen själva hade åsamkat oss under
nerfärden till kontinenten

Med hänsyn tagen till alla de saknader vi så outtalat hade
införlivat med våra psyken

Utan att för en enda stund kunna leva mer uppriktigt
med detta än vi gjort tidigare

Slutsatserna av allt detta skulle väl aldrig kunna dras
över en kam utan riktiga besvär

Som om det vi höll oss undan skulle ha en annan avsikt
än vad vi själva tänkt oss

Under alla de söndertrasade själar som vi ansåg att vi
hade blivit efter alla de här åren

Och inte hade riktig pejl på vart det höll på att bära åstad
längs asfaltormens bana

Så att alla de uttag vi gjorde om möjligt skulle komplicera
vår tillvaro ytterligare

Dagen före bränslepåfyllning är alltid en av de svårare att strukturera

Vilket gör livet till än mer komplicerad gåta som vi kan
försöka lösa eller låta vara

Samtidigt kan det upplevas som om de altarskåpsvikta
pamfletterna ännu inte fungerar

I de delar av den kända distributionskedjan vi har att
oavbrutet och ensidigt förlita oss på

Kanske vi till och med ska hålla undan från alla de tankar
vi ville veta mer om någon dag

Utan att det på något sätt hjälper oss i analysen av vad
som verkligen skedde imorse

Men skulle det kunna vara enklare att ta till handgripliga
konversationer längs vägen

Utan att dessa leder till snarlika slutledningar från våra
stelbenta inställningar till poesin

Som om det vi en gång försökte dela med oss av var en
inställning vi avsiktligt förbisåg

I alla de slitstarka skor vi hade för vana att bära de där
åren i andra städer och byar

Och förvarnade alla om vad som skulle kunna inträffa
vid sämre väder än det som rådde

Så vi gav oss iväg i en gryning som lovade allt som en
ny dag kunde prestera framöver
Utan att ens försöka radera de insikter vi delat med oss
av på det slitna allvarets stigar
På samma gång funderade vi naturligtvis över vad vi
hållit oss undan från att göra
På det där klämkäcka manéret vi alltid tog till när vi var
osäkra på hur vägen slingrade sig
Så, utan att göra det mer omständigt än som för tillfället
krävdes var vi med ens på väg
Som om det vi helst av allt ville göra var att leda oss
själva längs den här vägens rutt
Där frånsidan var den del av livet vi hållit oss för goda
att verkligen försöka ta till oss
Och slutledningarna blev naturligtvis därefter – utan att
vi kunde göra mycket åt detta
Hade vi tagit alltför mycket för givet – utan att poängtera
mer än vi hade rätt till
Möjligen kände vi några sekunders tveksamhet mitt i
alla aktiviteters brusande yra
Som om allt vi upplevde skedde för första gången i
mänsklighetens historias lopp

Så vi fortsätter stillsamt att leka i det mörker som vi delvis skapat själva

Utan tanke på att det skulle kunna återbrukas under andra betingelser och tider

Som om allt vi gjorde då enbart gick ut på att fylla tiden med allsköns absurt innehåll

Utan en enda ren tanke på något fixerat objekt eller tankegång som leder framåt

Kanske vi inte ens förstod att de möjligheterna stod oss till buds i denna nattens baksida

Som om det vi helst av allt ville hålla oss undan från i vad vi gett oss in i på allvar

Mot det avslut vi inser att det här kommer att leda fram till om några månaders tid

Utan att vi skulle kunna göra så mycket åt det ens om vi försökte ta oss in i centrum

Av alla de tankar som cirkulerar inuti och omkring våra huvudens kristallklara tomheter

Där vi ska komma att landa på ett särskilt sätt om bara några händelselösa dygns lopp

Som om det inte ens drar oss vidare i denna slädfärd av alla våra insikter och insikter

Den ludna dörren II: Formler

Kanske med den slitna metafor vi har att hålla oss till
under denna färd mot dagens ljus

Som när det kommer ska vara som en sliten insats i ett
uråldrigt brädspel utan pjäser

Kanske till och med som vi kan spela utan de vedertagna
reglernas enfaldiga diktatur

Och luta oss bekvämt tillbaka i en soffa av de mest
eroderade tankarnas stormfloder

För att vi i sluttampen av våra söndrande insikter ska
hålla oss för goda att veta mer om

Utan att det på något sätt ska driva oss i något slags
fördärv som vi kanske har förtjänat

Under alla de sekunda dygn vi hållit oss för goda för att
beskriva som nattens nycklar

När allt vi så småningom ska landa alla fångna skåningar
i våra släktleds slitna fiskenät

Kanske med en twist av citron i slutänden för en piggare
framtoning längs motorvägen

Som om allt det där ska lära oss att hålla oss på mattan
när det kommer till dygnsrytmen

Utan att det på något remarkabelt sätt ska leda oss in i
nya fortsättningar av plågorna

Den ludna dörren II: Formler

Om vi bara visste vad tiden egentligen handlar om

Skulle vi möjligen ha en stilla undran inombords om vart det ska leda oss

Som om allt vi slutat att ta hand om de delar vi slutgiltigt ska kunna förstå djupare

Utan att tidens tand ska gnaga oss köttfria in till benen utan att vi märker något

Kanske en sliten tanke på att morgondagen också ska tillhöra oss under en tidsrymd

Som om vi aldrig skulle kunna lita på de slutsatser vi tycker oss ha dragit fram i ljuset

Och letar efter de rester av livet vi vet med oss att vi lämnat längs vår färdväg

Utan att det skiljer så mycket mellan vart vi skulle och var vi hamnade till slut

När de slitna trottoarernas beläggning inte ens är en del av vad vi gett oss på

Att hålla oss själva ifrån på ett mer allvarligt sätt än många gånger tidigare i livet

Och i exilen lever vi ett annat slags liv som inte leder oss vilse i fortsättningen

Av alla de så djupt slitna metaforer vi ständigt försöker
förbättra till vår fördel

Kanske en del av allt vårt liv ska hålla oss undan de upp-
enbara bristerna i framtiden

Som en tass från de djur vi helst av allt inte vill påmin-
nas om att de omger oss

Som om det gick ännu längre skulle dela med oss av allt
vi hållit med om

Trots att vi egentligen inte var på den sidan av allvarets
vitmålade trästaket längre

Så vi slutar skina som solen under nattens slitet mörka
timmar och lever vidare

Med vad vi har att ta till i den nöd av frihet vi slukar som
om den tillhör oss

Utan att vi kan hålla undan för tidens roterande snabba
tänder i nattskenets motljus

Som om det skulle kunna leda oss på våra värsta villovägar
sedan studenten

Som vi (om det finns ett vi) ska leda oss själva vidare
genom snålblåstens oljud

Och plantera våra uppenbara fotstegs rasslande kedjor
i en rabatt av tigermaskrosor

Vars oavlåtligt enahanda instinkter ska leda oss vidare i
nattens mjuka skuggor

Om det verkligen kan kallas för att dagas en smulig gryning som denna

I alla våra motsatsers uppenbara brist på hyfs och strikta
rygghållningar i dagbräckningen
Är vi verkligen återigen på väg att sluta nattens färd i ett
vägkors utan utfarter
Som så många gånger tidigare när vi lutat oss alltför
långt ut i kurvornas bågar
Det sker så ofta att vi på sätt och vis aldrig kommer att
tröttna på enformigheten
Och det blir en påminnelse om vår egen så uppenbara
dödlighet längs vägen
Utan att vi på något sätt kan skapa någon form av mothåll
för att eliminera farorna
Kanske till och med de intrikata problemen ska komm
att lösa sig per automatik
Utan att ett enda skott har avfyrats längs riksvägarnas
diken av solkiga drömmar
Som om de val vi har gjort inte riktigt stämmer överens
med våra slutsatsers poem
I den suddiga nattens enarmade jakt över kullersten och
torkande kautschukar

Den ludna dörren II: Formler

I en dröm, så sliten att den förminskats till en ohållbar
tillvaro bland myggens föräldrar

På det där enormt charmiga sättet som myggor kan
prestera om de är på gott humör

Så det kan komma att sluta på ett sätt vi aldrig varit
kapabla att kunna förutse

Som om det vi helst av allt kan undvika genom att bara
blunda rakt av under dagen

Och leta oss tillbaka när nattmörkret gör oss väl till mods
på nytt efter omstarten

Det ger oss ansvar för så mycket mer än de usla ljus-
förhållandena i den här bunkern

Och vi kan inte förlåta oss själva de eftergifter vi känt
oss tvingade att slutföra

I alla de där skräpiga skrymslena vi kallar för vårt hem,
om än en smula tillfälligt

Vi kan bara inte tro att just vi är de enda som inget förstår
av larmet omkring i natten

Och i detta så komplicerade gytter av hjärnfoster vi ska
dela med oss av det uteslutet

Att vi någonsin kommer att återvända till den här bak-
gården med hedern i behåll

I alla de där där delarna av de repiga bilderna från konfirmationen

Skulle vi gärna vilja ha ut mer av dem utan att vi slutar att försöka förstå oss själva

Som om det över huvudtaget vore möjligt att göra en sådan abrovinkel i livets tolkskola

Och de sista timmarna ger oss inte mycket stöd för den typen av insikter numera

Kanske till och med de oavslutade processerna ska leda oss vidare i en ny slutnatt

Som i strid med alla bestämmelser kommer att rendera oss någon slags påföljd av hot

Utan att vi på något sätt kommer att förstå varför denna bot över huvudtaget har utdelats

Det är små saker som dessa som gör livet till en oavbruten resa av oskäliga tillbud

I alla de dagar vi oavsiktligt skulle hålla oss undan allt påbjöd vi kunde observera

Som om tanken på det mest slitsamma skulle vara den sista tanken vi orkade med

Utan att det skulle kunna påverka oss på något menligt sätt, utan mer friska upp oss

Den ludna dörren II: Formler

I alla de relationer till omvärlden vi oavbrutet arbetade
med att förfina längs vägen

Som om det vi ville hålla oss undan var den slitsamma
uppgörelsens inneboende sötma

På de delar av livet vi skulle kunna hålla oss undan på
ett mer lekfullt sätt än tidigare

För alla dessa invändningar gör livet till ett outtalat
inferno av motstridiga känslors utbrott

Så på sätt och vis ska allt det där ge oss en del av alla
våra slitsulors styrka i retur

Kanske inte genast, men på sikt kommer det att hålla
oss i förvar till sommarens slut

När den motståndsrelaterade delen av vårt försvar ska
ha blivit helgjuten till slut

Och inte längre irritera oss på det där gamla vanliga
sättet längs trottoarstenens värme

När alla förnödenheter inte längre ska hålla oss för troliga
i nattens insidertips

Och våra slitstarka nerver ska ha trasats sönder i knip-
pen av gnyende verbalattacker

På det där charmlösa sättet som det totala sammanbrottets
kommer att ge uttryck för

När vi inte längre är lika säkra på vart vi tror att vi skulle
kunna vara på väg längre

Den ludna dörren II: Formler

Då allt jag kom att få veta om dig visade sig vara en ny slags kuliss

Så, lika galen som jag blev då, skulle jag hellre ha undvikit att utöva i natten

Och leta mig tillbaka till alla våra oavsiktliga insatser på den del av banan vi befann oss

Just innan allt det som vi trodde ännu en gång löstes upp i mikroskopiska attityder

Utan att vi en enda gång blev sams igen efter alla de där spontana irrfärdernas slut

Som om det vi tagit så för givet blev en del av något helt annat med ett slags allvar

Kanske ser vi detta som att vi kommer ut från fonden med stora aggressioner

Utan att våra insikter tycks ha odlats mer än lovligt i allt vi håller oss undan i natten

Vi rör våra lemmar som om de inte längre tillhör någon efter sommarens slutskvalade musik

I den del av motståndets estetik som vi odlade på källarklubbar och i krukor

För den möjligheten att vi hade en ny chans redan i Olivedal en trasig natt senare

Som vi alltid skulle minnas som en framtid vi utan tvekan hoppade över med vilje

De linkade på andra sidan som ett djur vi aldrig kunnat föreställa oss på ensam förhand

Och tog emot i slitna underkläder i ett övermöblerat vardagsrum i röd betong

Som om utanverket sedan länge var helt passé och vi frejdigt skulle gå vidare

I nattens slutna rum utan möjlighet att snorkla vidare som vi egentligen ville göra

För att undvika de mer friska fläktarna när vi närmade oss motorvägen för nya tag

Med den där revolterande reptilen vi aldrig skulle kunna sluta att fascineras av

Under alla de där åren när vi vankade fram längs Tredje Långgatan mot Haga

Som om själva gatunamnet kom att betyda mer än det egentligen hade täckning för

Och vi var så förvillade att vi inte hade några förslag att komma med längre

På den sidan av vår slentrianinriktade sofftillvaro var det inte enkelt längre

Och de oseriöst fladdrande lockarna på källarklubbarnas brutala utkastare

Så skulle vi leva i alla de där minnena vi lyckats förtränga så bra

De tankar vi släppt ifrån oss på allehanda substrat av vad de än vara månde

Utan att vi för en enda minut skulle kunna återgälda våra som mest slitna tankar

I detta snurriga universum vi allvarligt misstänker att vi är nya medskapare till

Som om det skulle kunna vara en belastning att associeras med detta intensiva skeende

Från de fjärran horisonter vi tar oss till föga att betrakta världen med nya ögon från

Utan att vi någonsin skulle kunna släppa taget om våra egna tvångsföreställningars lopp

Genom våra tider där allt är chimärer och slutna system som aldrig ska komma att fungera

I alla de snedtolkade uppdrag vi aldrig skulle gett oss till att acceptera under fredstid

När vi andas hett och frustande i mörkret vi så länge försökte glömma att vi tillhörde

För att vi ville undvika det mesta i den vägen under så långa tider som det bara var möjligt

Och det ska sägas att vi aldrig riktigt förstod vilka kon-
sekvenser allt det där skulle få

Om så bara den allra minsta spillra av våra slutsatser
skulle komma tillbaka till oss

När vi ska försöka leva upp till våra saknade släktingars
irrfärder i nästan samma värld

Som den vi fått för oss att vi tillbringar tiden i medan
vi väntar på något helt annat

Som om det skulle kunna komma tillbaka till oss i en
slags uppmaning att ta det lugnt

Så vi letar vidare i alla våra utspejsade insikters valhänta
förslag till förbättringar

Av de stigar vi så vanemässigt håller oss undan från i
jakten på mersmak av skuggan

Som letade sig in över våra slitna pannor en dag på
landsbygden för inte alltför länge sedan

Som stjärnor fallande horisontellt genom världen för
att ruska om våra inpyrda själar

På det där halvt pojkaktiga sättet vi lärt oss att ta till oss
i alla goda tings efterföljd

Som om det inte längre skulle tjäna någonting till att
försöka ändra på oss: igen

Utan det sparsmakade estetiska sinnet vi oavbrutet försöker driva fram

Registrerar vi aldrig de tankar som egentligen skulle
kunna stödja våra fina teser

Som om det vi försöker göra är en del av allt vi håller
oss undan med allvarlig min

Utan att vi ens ska dela med oss av alla de fynd vi försöker
göra bättring med

I alla de underblåsta uppror vi varit med om att kväsa i
nattliga lekars återsken

På den sida av verkligheterna som tar oss allt längre in
i skeendets uppenbara mekanik

Utan att vi ens för någon minut skulle dela med oss av
våra slutliga rön utan credit

Som om allt vi undviker i själva verket är det vi jagar
som allra mest i landets dalar

Där vi har sett att allt vi undviker ska bli det vi helst av
allt ska tota oss samman med

Som om de drivvedsbrötar vi lanserar som intakta
tankegångar från forntiden är på väg

Att bryta samman i slarviga insikter och det vi så sakteliga
försöker hålla oss undan

Den ludna dörren II: Formler

Då vi vet vad allt detta egentligen ska handla om när vi
bryter ner allt omkring oss

Som om det inte alls hade något som helst attraktions-
värde för oss längre

På den slitna sidan av tärningen där alla brutala tankar
tas på mer allvar än förr

Och snabbheten i repliken kanske inte ens ska belönas
på det där brutala sättet

När allt vi ville undvika eskalerar på ett outgrundligt sätt
i nattens slitna ekon

Av minnen vi aldrig skulle kunna återge på ett helt och
hållet naturligt sätt

Vi fattade allt det - med kanske aningen för genomträn-
gande uppriktighet för allt

Vi skulle leta oss in i på ett slutgiltigt allvar i alla delar
av världens uppfattningar

Som det skulle kunna komma andra och återkomma
som om det betydde mer nu

Utan de delar av vårt slitna universum vi ska återkomma
med offerter till senare idag

Då vi landar med fötterna först i den del av livet vi håller
för mest troligt

När livet är regnet som sakta faller i en förstad till Paris om hösten

Som om det vi helst av allt ville stöka undan i vår slitsamma uppfattning av livet

På den sida av det barocka som ska leda oss in i alla motstånd vi kan uppbringa

Utan att vi lever i alla våra slitna uppfattningar på baksidan av allt det gamla

När vi på avstånd håller våra barn för öronen så att de inte ska kunna höra regnet

Landa i det uttorkade gräset på ett slags allvarligt förebrående sätt om kvällarna

Ur det vi letar oss in i för att delta i samkvämen vi kunde undvikit att bjudas till

Utan att det ens skulle märkas i vår uppenbart påhittade inverkan av allt vi håller av

På den sida av verkligheten vi har letat efter i alla de så snabba byten vi kan förstå

På det där mest insmickrande sättet vi har att hålla oss till på avigsidorna av livet

Där vi ska komma ihåg att hålla oss på den så kallade mattan en tid till verkar det

Den ludna dörren II: Formler

Utan att vi kommer att minnas dessa kvällar som en del
av det vi har undvikit

Så länge att vi aldrig kommer att kunna återvända med
självrespekten i behåll

Så att vi fattar vad allt runt omkring oss egentligen är
menat att vara framöver

Utan att de delar vi så uppenbart saknar ska leda oss in
i slutfasen av denna pjäs

På den sida av liven som vi ska komma att uppskatta på
ett så annorlunda sätt

Utan att det på något betydelsefullt sätt kommer att ge
oss in i alla förutsättningar

Där vi lever i allt vad vi kunnat ådagalägga på ett nytt
avstånd av nervositet

På det där impertinenta viset vi alltid ska minnas som
en del av vår uppfostran

Som ordet vi lyckas komma ihåg är en så viktig del av
allt vi håller ut att kunna

På ett nytt slags allvar vi håller undan för att kunna förstå
hela vidden av

Utan att en enda gång darra på manschetten som om vi
blivit berörda också nu

Vi föredrar att sikta på det förflutnas entoniga uppfattningar om vad

Vi ska göra fortlöpande enligt det kommande årets insmickrande uppdragslista

I alla de snarlika motlut vi håller oss undan i snabba kast mellan alla idéernas murverk

Som det lönar sig föga att undvika att ta till i våra uppenbara slutsatsers bländverk

På det där andtrutna viset mina grannar alltid lägger an när de klagar på trappstädningen

Utan att ens förstå att ansvaret för rengöringen numera ligger på en entreprenör

Som inte ens håller till i närheten utan kommer från andra trakter för uppdraget

Kanske inte ens håller till i denna bygd för allt vi kan utröna om bakgrundernas fakta

I alla de uppenbara och felaktiga uppgifter som briserar längs brofästets södra del

På slitna skosulor som vi ska hålla oss undan i allt det där så enkla vi tagit på oss

När vi delar med oss av allt vi ska hålla på att forska om på ett annat plan i livet

Den ludna dörren II: Formler

Som om det inte längre enbart handlar om vad som är
rätt och riktigt utan också annat

Vilket kanske inte närmelsevis kan vara ett uttryck för
något annat än en slags avund

Vilken vi letar efter i alla tidens veck och vrår utan att
delge oss nya misstankar

Om vad vi håller oss undan för att försöka få veta vart
vi ska vara på väg att röra oss

Längs den enahanda pilallé vi vandrat i så många tusen
gånger att den är en del av oss

Som om vi materialiseras av det material som omger oss
tillräckligt ofta och länge

Och hur långa raderna av slitstarka åtaganden kan vara
för att vi ska ge med oss

Utan att uppleva att vi har tvingats till eftergifter som
inte är kompatibla med livet

Kanske det till och med ska leda oss vidare under de
halmade alléernas spretiga siluetter

Om torsdagen och om fredagen slutar att hålla till i slutet
av den långa veckan

Och det till en del blir ett slags avslut på hela charaden
av pretentioner i nuet

Efterskrift

Texterna i "Den ludna dörren" I och II är tillkomna under år 2007 på ofrivilliga platser som Frankfurts flygplats sedan planet hem försenats tre timmar. De ofrivilliga platserna kan också manifesteras som kvällar på hotellrum i främmande, just då ointressanta städer, i väntan på morgondagens visningar av tekniska nyheter. Texterna var, och är i högsta grad fortfarande, ett försök att hålla kontakten med det egna livet, den egna kärnan, under ofrivilliga förhållanden. Skrivprocessen handlar om att realisera ett sätt att inte bli ett offer för omständigheterna, om man så vill. Så, kanske det går att säga att texterna är riktade mot något utanför den egna hjärnan.

Och ja, jag är inspirerad av Williams S. Burroughs och ans "cut-up" teknik från 1950-talet. Jag är inte ensam om det eftersom det sägs att David Bowie och Bob Dylan använde tekniken för en del av sina sångtexter.

På samma gång har jag inspirerats av "automatisk skrift" som av vissa psykiska medier använts som en påstådd kanal till andevärlden. Jag betraktar dock tekniken mer som en kanal in i skribentens egna undermedvetna,mer i surrealistisk efterföljd.

Surrealistisk automatism är en metod för skapa konst där artisten undertrycker medveten kontroll över tillverkning-sprocessen, vilket gör det möjligt för det omedvetna sinnet att ha stor inverkan. "Pure psychic automatism" var hur André Breton definierade Surrealism.

Vid ett surrealistiskt evenemang på 1920-talet föreslog Tristan Tzara att man skulle skapa en dikt genom att dra lappar med ord ur en hatt. Andre Breton försköt Tristan Tzara från rörelsen och hänvisade cutups till den freudianska soffan. Sommaren 1959 klippte Brion Gysins, målare och författare, tidningsartiklar i bitar och satte samman delarna slumpmässigt. Resultatet blev "Minutes to Go". "Minutes to Go" innehåller oförändrade cut-ups som genererar ganska sammanhängande och meningsfull prosa.

Vad man gjorde var att överföra collage-teknik, känd sedan längre bland bildkonstnärer, till text- och ordkonsten.

Det var även under 1950-talet som skribenter som William S. Burroughs och Jack Kerouac av bildkonstnärerna lärde sig att göra skisser i anteckningsblock, med ganska spontana beskrivningar de kunde använda i längre verk.

Veta mer: William S. Burroughs and Brion Gysin, 1978. *The third mind.* A Seaver Book/The Viking Press. New York, N.Y.